Maria do Carmo Ezequiel Rollemberg

CRESCER EM COMUNHÃO
CATEQUESE PARA GRUPOS DE CONVIVÊNCIA PÓS-CRISMA

Livro do catequista-animador

Petrópolis

© 2015, Editora Vozes Ltda.
Rua Frei Luís, 100
25689-900 Petrópolis, RJ
www.vozes.com.br
Brasil

Todos os direitos reservados. Nenhuma parte desta obra poderá ser reproduzida ou transmitida por qualquer forma e/ou quaisquer meios (eletrônico ou mecânico, incluindo fotocópia e gravação) ou arquivada em qualquer sistema ou banco de dados sem permissão escrita da Editora.

Dom José Antônio Peruzzo
Bispo da Diocese de Palmas e Francisco Beltrão
Responsável pela Animação Bíblico-Catequética no Regional Sul II – CNBB
Janeiro de 2015

Diretor Editorial
Frei Antônio Moser

Editores
Aline dos Santos Carneiro
José Maria da Silva
Lídio Peretti
Marilac Loraine Oleniki

Secretário Executivo
João Batista Kreuch

Revisão: Editora Jardim Objeto
Projeto gráfico e diagramação: Ana Maria Oleniki
Capa: Ana Maria Oleniki

ISBN 978-85-326-4988-1

Editado conforme o novo acordo ortográfico.

Este livro foi composto e impresso pela Editora Vozes Ltda.

Sumário

Apresentação, 5
Aos catequistas-animadores dos grupos de convivência pós-crisma, 7

Celebração: COMO É BOM ESTARMOS AQUI!, 20

1. UMA PROPOSTA SÉRIA, COM NOME E AUTORIDADE!, 23
   Uma proposta de vida

2. O GRANDE PRESENTE DE AMOR DE DEUS, 28
   A vocação de filhos de Deus

3. EU SOU SANTO, 32
   A marca dos filhos de Deus

4. COMO DISCÍPULO, VENHO SERVIR, 36
   A atitude dos filhos de Deus

5. SIM, EU QUERO!, 40
   Ouvir, aceitar, assumir

Celebração: AS SETE PALAVRAS DE MARIA, 45

6. PASSEMOS PARA A OUTRA MARGEM!, 51
   Confiar sempre

7. ESCOLHO ISTO OU AQUILO?, 56
   Fazer a melhor escolha

8. EU, ELE, VOCÊ, NÓS, 60
   Não somos sozinhos!

9. DÁ PARA FAZER UM MUNDO DIFERENTE?, 65
   Construindo um mundo novo

10. ÉS TU, JESUS?, 69
    Deus está no outro

11. IGREJA, PARA QUÊ?, 74
    Ação e missão para os homens e o mundo

Celebração: NÃO TENHAM MEDO!, 78

12. SOU LIVRE PARA FAZER O QUE QUERO?, 84
    Somos livres para viver

13. POLÍTICA, SIM. POR QUE NÃO?, 88
    Realizar o bem de todos

14. PRECONCEITO? JAMAIS!, 94
    Todos somos iguais

15. É CONTRA A VIDA? TÔ FORA!, 100
    A vida em primeiro lugar

16. SOU CIDADÃO DOS CÉUS NO MEIO DO MUNDO, 105
    Fazer tudo para a glória de Deus!

Celebração: TU OLHAS PARA MIM, EU OLHO PARA TI, 112

SUGESTÕES E SINOPSES DE FILMES, 117

SUGESTÕES E COMENTÁRIOS DE VÍDEOS, 130

SITES CONSULTADOS, 131

Apresentação

Queridos crismados,
Prezados pais e familiares,
Estimados catequistas-animadores.

Chegou a hora de retornarmos ao caminho. Podemos dizer que foi um longo percurso, marcado por muitas reuniões de estudos, de reflexões e de orações. Foi justamente este o ritmo daqueles que se empenharam em preparar estes livros de catequese que fazem parte da "Coleção Crescer em Comunhão". São páginas portadoras de preciosos conteúdos, expostos com cuidados didáticos e com muita sensibilidade pedagógica.

Podemos dizer que este trabalho foi feito com muita dedicação e com os olhos fixos em vocês, queridos crismados, e em tudo que lhes diz respeito: sua idade, seus interesses, suas necessidades. Também vocês, catequistas, que assumem a tarefa de animadores dos grupos de convivência pós-crisma, suas experiências e o anseio de fazer ecoar e ressoar a Palavra de Deus foram sempre lembrados.

A vocês, prezados pais e familiares, recordo-lhes que, em catequese, nada é tão decisivo quanto seu interesse e participação. Seu testemunho de fé e seu entusiasmo pela formação catequética de seus filhos farão com que eles percebam a grandeza do que lhes é oferecido.

Agora, pronta a obra, é chegada a hora de entregá-la aos destinatários. É um bom instrumento, de muita utilidade. Mas a experiência de fé vem de outra fonte, do encontro com Jesus Cristo. Por Ele vale a pena oferecer o melhor para, juntos, crescermos em comunhão.

D. José Antônio Peruzzo
Bispo da Diocese de Palmas e Francisco Beltrão
Responsável pela Animação Bíblico-Catequética no Regional Sul II - CNBB

Aos catequistas-animadores dos grupos de convivência pós-crisma

Queridos catequistas dos grupos de convivência pós-crisma, estas palavras são para vocês, para ajudá-los em sua missão junto aos crismados de suas comunidades. Vocês devem ler com atenção estas orientações, debruçados, também, sobre o livro dos crismados.

A "Coleção Crescer em Comunhão" procura colaborar com os catequistas que atuam nas várias fases do processo catequético apresentando um itinerário que contempla desde a Catequese Infantil, para aquelas crianças que não têm idade para participar dos grupos da Catequese Eucarística, até os grupos de convivência de crismados, ou grupos pós-crisma. Esse itinerário está construído sobre os pilares crer, viver, celebrar e orar, presentes em todos os volumes da coleção, ainda que apresentados de maneiras diversas, conforme o amadurecimento e o crescimento na fé dos interlocutores.

Esse volume da coleção – "Catequese para Grupos de Convivência Pós-Crisma" – é um subsídio para grupos de crismados. É importante recordar que receber o Sacramento da Confirmação é dar início à caminhada na vida e na fé cristãs. Portanto, é fundamental possibilitar aos crismados experiências que os auxiliem em seu amadurecimento na fé, como pessoas humanas e como cristãos. Essas experiências são grandemente favorecidas quando se dão em um grupo de convivência que exercita a reflexão e, também, a ação.

Os grupos de convivência pós-crisma são, sem dúvida, uma oportunidade privilegiada para que os crismados, percebendo-se iguais com suas diferenças e características pessoais, desenvolvam e estreitem amizades e partilhas de vida, sintam-se à vontade para acolher e compreender o outro e tomem consciência da importância da comunidade e da sua pertença a essa comunidade. Nessa caminhada em grupo, o crismado aprofunda seu relacionamento consigo mesmo e com o outro, e desperta para uma consciência crítica frente à sociedade em que vive, para a comunhão e a participação. Tudo isso são aspectos fundamentais para a formação integral do cristão.

Os interlocutores

Já sabemos que a catequese está longe de ser apenas transmissão de conteúdos e não pode, também, ser entendida como tempo de preparação para o acesso a um ou alguns Sacramentos. A Igreja, em seus apelos constantes nas últimas décadas por uma Iniciação à Vida Cristã de inspiração catecumenal, aponta para um processo permanente, isto é, preocupa-se também com aqueles que já completaram sua Iniciação Cristã e que devem ser incentivados a crescer na intimidade com Jesus Cristo. Em outras palavras, preocupa-se com aqueles que devem ser ajudados a aprofundar seu relacionamento com o Senhor.

De modo particular, devem receber atenção especial nas comunidades eclesiais os adolescentes e os jovens, para os quais os encontros pós-crisma têm grande valor para o crescimento na fé. Acima de tudo, cada participante de um grupo de convivência pós-crisma deve ser reconhecido e aprender a reconhecer-se como alguém muito amado por Deus, com suas próprias histórias e experiências de vida, diferente, talvez, dos demais, mas amado por Deus.

A adolescência, assim como a juventude, é um período de grande importância na vida de uma pessoa, sujeito a riscos e determinante, de certo modo, da vida que há pela frente. Os projetos para essa faixa de idade devem dar respostas à necessidade de referências, própria dos adolescentes, e ferramentas para que aprendam a viver bem com eles mesmos e com os outros, além de criar espaços para compartilhar valores positivos. Por tudo isso, nos dias atuais, tempo de individualismo, distanciamento e enfraquecimento das relações interpessoais, os grupos de crismados ocupam lugar relevante na Pastoral da Igreja. Inseridos em um grupo, os adolescentes e jovens são estimulados a valorizar o encontro com o outro e a buscar uma participação efetiva, no mundo e na Igreja, em nome de uma fé viva, ativa e apaixonada por Jesus Cristo.

Não se pode esquecer que os adolescentes e jovens são – e devem ser –, de fato, os protagonistas do seu processo de crescimento na fé. Marcados pela mudança de época e pela prevalência da mídia, conectados com a natureza, assim são os adolescentes e jovens de hoje. É preciso respeitar o modo de ser próprio dessa faixa etária, abrir espaços e facilitar possibilidades, valorizar o que trazem, porque percebendo-se protagonistas da própria formação, os crismados estarão mais dispostos a perseverar na caminhada do grupo e poderão tornar-se agentes de mudanças positivas em suas comunidades.

Os animadores

Os catequistas que atuam nos grupos de convivência pós-crisma devem assumir, com convicção, o papel de verdadeiros animadores dos grupos. Eles devem saber valorizar cada participante e fazer surgir suas competências, transmitir conhecimentos e valores. Como responsáveis pelo grupo, devem mostrar segurança para conduzir os crismados com seu testemunho de vida, sua espiritualidade e pela vivência da sua fé, conscientes de que o Espírito Santo, que os antecede em sua ação na catequese, ilumina a vida e os relacionamentos dos adolescentes, das famílias e da comunidade. Por isso, mais valiosa do que propor e expor conteúdos é a capacidade de orientar os adolescentes para o seguimento autêntico de Jesus Cristo e o testemunho da sua mensagem nas realidades em que vivem.

No trabalho com adolescentes ou jovens, a amizade tem grande valor, é a base de tudo. Cabe ao animador do grupo a tarefa de cuidar da acolhida de todos e facilitar a união do grupo, criando um ambiente que favoreça a comunicação, e identificar e ajudar a superar atritos que possam prejudicar a convivência. Também é importante o empenho do animador para criar um espaço de crescimento humano e cristão, e facilitar o amadurecimento dos crismados. Para cumprir essas tarefas, o catequista-animador deve ser uma presença dinâmica, preocupada com o bem-estar dos membros do grupo, motivadora, espontânea e sem deixar-se cair na tentação de tornar-se paternalista (todos dependentes da sua opinião), para que os participantes tomem iniciativas e queiram assumir responsabilidades no grupo.

Um aspecto muito importante é o entendimento e a vivência que o animador deve ter dos temas tratados nos encontros do grupo, de modo a ajudar os crismados a avançar em seu crescimento na fé. Conduzindo os encontros, o catequista-animador deve estar atento para evitar desvios do tema proposto, e os crismados devem ser levados a perceber que o grupo tem uma característica particular, bem diferente de um encontro de amigos apenas para passar o tempo. Em um clima de descontração e espontaneidade, cada crismado deve ser estimulado a refletir sobre a sua realidade e sobre questões de caráter espiritual e material que o afetam diretamente. Todos devem ser incentivados a opinar livremente para que, juntos, possam chegar às próprias conclusões e descobrir caminhos.

Os catequistas-animadores dos grupos de convivência pós-crisma devem, também, ser capazes de perceber os diferentes talentos dos membros do grupo, dando-lhes responsabilidades e fazendo-os desempenhar funções nas quais possam desenvolver seus dons. Com o crescimento da convivência, podem ser definidos papéis para alguns crismados, escolhidos por todos os participantes: secretariar as atividades, criar e alimentar um blog do grupo, fotografar os encontros e outras atividades, colaborar mais de perto com o catequista-animador são alguns exemplos, mas outras funções podem surgir das necessidades e das características do grupo. Com isso, novas lideranças podem despontar e será bastante interessante que, em um novo momento, o grupo continue sua caminhada sob a condução de um dos crismados participantes, com acompanhamento por um catequista-animador. Nessa situação, além de fortalecer as relações interpessoais e formar novas lideranças, é favorecida também a formação de grupos de jovens nas comunidades.

Os grupos de convivência pós-crisma

A força da Palavra, a experiência de vida comunitária e os talentos pessoais são elementos decisivos para os grupos de convivência pós-crisma. É preciso ter claro que:

- Os crismados são levados a (re)descobrir o Evangelho de Jesus Cristo e a buscar viver segundo seus ensinamentos. Momentos de oração e reflexão pessoal e de meditação de textos bíblicos são importantes, assim como vigílias, celebrações da Palavra, celebrações penitenciais, ou outros momentos vividos pelo grupo. Tudo isso contribui para que os crismados façam experiências marcantes de fé.

- Os crismados descobrem ocasiões de participar da sua comunidade. Isso pode começar a partir dos pequenos grupos que são formados em muitos encontros para a discussão de temas, nas equipes que desenvolvem as atividades dos encontros ou que assumem a corresponsabilidade do grupo. Experiências prazerosas de participação podem entusiasmar os crismados a ingressar em grupos de jovens e a envolverem-se concretamente com a comunidade.

- Identificando seus talentos, os crismados preparam-se para colocá-los em benefício da construção de um mundo novo. Reflexões pessoais e em grupo motivadas por textos bíblicos e atividades concretas são instrumentos que vão ao encontro dos adolescentes ou jovens para ajudá-los a discernir e a colocar-se em serviço.

A paróquia/comunidade precisa acolher os grupos de convivência pós-crisma e a Pastoral Catequética deve acompanhar esses grupos para que cresçam e, em um momento seguinte, possam caminhar sozinhos. É preciso que todos os envolvidos – grupo de catequistas, presbíteros, diáconos, familiares e comunidade em geral – percebam a importância de investir na preparação dos crismados para a vida e para exercer sua missão de cristão no mundo, e isso vai muito além do grupo pós-crisma.

Encontros

Os grupos de convivência pós-crisma são bastante diversificados quanto à sua constituição e ao seu funcionamento em nossas comunidades. Por essa razão, a metodologia de trabalho proposta é simples, para que possa ser adaptada à realidade dos diversos grupos, tanto em relação ao número de participantes como às suas características pessoais.

Em primeiro lugar, deve ser reforçado que os grupos de convivência pós-crisma apresentam características muito particulares, diferentes daquelas dos grupos de catequese dos quais os crismados participaram anteriormente. Nos encontros pós-crisma não se quer aprofundar a formação intelectual nem enfatizar a formação doutrinária ou humana. O que está em jogo é o discipulado, o seguimento de Jesus Cristo. Com essa perspectiva, cada encontro deve ser tratado como uma oportunidade única de encontro vivo com o Mestre e, por isso, deve ser uma ocasião festiva de partilha e de convivência.

Os temas são propostos considerando as características principais da idade dos crismados – como desejo de liberdade de pensamento e de ação, de autoafirmação, de aprendizagem e vivência das relações interpessoais, consciência de suas potencialidades. No desenvolvimento dos temas são fundamentais o diálogo, a experiência de partilha de vida e a visão da realidade a partir da fé, porque permitem que cada história pessoal seja vista e revista à luz da Palavra de Deus. Durante os encontros, a discussão deve acontecer de maneira simples e descontraída, sem, entretanto, deixar desaparecer a importância do tema e seu sentido para o crescimento na fé dos crismados. Destacam-se a importância da Palavra e a centralidade da pessoa de Jesus, bem como os aspectos interação, fé e vida e experiência comunitária da fé.

A estrutura deste volume procura fortalecer quatro grandes colunas da formação cristã, aqui identificadas por cores, mas sem uma divisão formal: somos filhos de Deus e discípulos de Jesus (azul); o agir do discípulo de Jesus Cristo (laranja); o serviço que fazemos aos homens e ao mundo como membros da Igreja (verde); ética e moral cristãs (roxa).

Tendo como foco o crismado, os encontros estão assim construídos:

1º momento

Identificar o conhecimento e o olhar do grupo sobre o tema proposto, abrindo caminho para questionamentos – PERCEPÇÃO

2º momento

Olhar os fatos da vida a partir da Palavra de Deus, de modo participativo e construtivo, levando ao discernimento e ao conhecimento – ILUMINAÇÃO

3º momento

Assimilar a experiência de fé por meio de diferentes instrumentos, permitindo ações concretas e descoberta de caminhos – PARTICIPAÇÃO

Na apresentação do encontro há, inicialmente, um pequeno destaque sobre o tema a ser aprofundado. Os encontros são propostos com a seguinte estrutura:

Oração inicial: Embora uma oração inicial não esteja explícita nos encontros apresentados neste volume, é importante ter claro que continuamos um itinerário catequético, apenas reunindo, agora, um grupo com características particulares. Por isso, cabe ao catequista-animador propor um momento inicial de oração participativo, de modo a reforçar para os participantes quem e o que os reúne naquele momento. É importante, também, preparar um espaço no qual a Bíblia tenha destaque com flores, velas e outros elementos associados ao tema do encontro.

Proposição do tema: O primeiro contato com o tema acontece por meio de questões simples, porém de grande riqueza a ser explorada.

O catequista-animador apresenta o tema e convida os crismados a manifestarem seu entendimento do assunto. É importante que todos os participantes possam manifestar sua percepção e seu conhecimento, com total liberdade, sem que sejam corrigidos ou contrariados nesse momento. O catequista-animador deve conduzir a partilha preparando para o momento seguinte do encontro.

O que Deus diz sobre o tema: A partir das questões e da partilha das ideias, a proposta que Deus tem para nós, relacionada ao tema, é apresentada para motivar uma discussão sobre a realidade que vivemos e a vontade de Deus. Um subtítulo indica, de maneira objetiva e simples, um aspecto que deve ser enfatizado na discussão.

Jesus e o tema proposto: A vontade de Deus sobre o tema encaminha para a apresentação de como Jesus lidou ou conviveu com o tema do encontro; seu pensamento e seu agir são apresentados, também recorrendo a textos bíblicos. Em cada encontro uma característica de Jesus é apontada, enfatizando que nele os crismados devem espelhar-se em seu agir cristão.

A Palavra de Deus ilumina o tema: Avançando na compreensão do tema do encontro, é sugerido um texto bíblico por meio do qual a vida será olhada, e a leitura do texto abre uma reflexão sobre o tema. São apresentados alguns pontos para essa reflexão que pode – e deve – ser enriquecida e complementada pelo animador, sempre motivando a participação dos crismados. A proclamação da Palavra deve ser valorizada com cantos de aclamação, refrãos meditativos, repetições, interiorização ou ainda outros modos que ajudem a destacar a importância desse momento.

A realidade a partir da Palavra de Deus: A partir da reflexão do texto bíblico, são oferecidos pontos importantes para a conversa no grupo. As descobertas a respeito do tema são partilhadas, enriquecendo e iluminando as experiências pessoais.

Para descobrir caminhos: São propostas diferentes atividades ao final dos encontros: debates, mesas-redondas, exibição de filmes, apresentação de jornais, encenações. Essas atividades e seus propósitos serão comentados adiante.

Para meditar: É sugerido um texto bíblico para reflexão durante a semana, contribuindo para o discernimento pessoal e a vivência da fé. O catequista-animador deve reforçar nos crismados o hábito da leitura bíblica, sozinhos ou com a família.

Oração da semana: É apresentada uma oração fundamentada no tema do encontro; os crismados devem ser motivados para incluí-la em suas orações pessoais durante a semana.

Oração final: Embora também não esteja explícita, deve ser proposta alguma forma de oração ao final do encontro, pelo próprio catequista-animador ou por alguns participantes, de maneira espontânea. A oração da semana pode, também, ser a oração final.

O que vi e ouvi leva-me a dizer: Após cada tema é sugerido que o crismado faça sua reflexão pessoal, voltando seu olhar para o encontro, e registre os sentimentos despertados, as descobertas, as angústias e as alegrias.

As atividades propostas nos encontros são instrumentos complementares que têm por finalidade ajudar a transformar as ideias em realidade e em fatos, motivando os crismados e despertando seu interesse.

Atividades realizadas em pequenos grupos durante o encontro: A formação de pequenos grupos facilita que todos expressem suas ideias, de maneira espontânea, e favorece o consenso em torno das questões levantadas. As orientações para o trabalho nesses grupos devem ser bem claras quanto ao tempo destinado à atividade, ao objetivo pretendido e aos encaminhamentos necessários. Quando não houver uma indicação clara na proposição da atividade, o catequista-animador deve formar esses pequenos grupos adequando o número de participantes ao número total de crismados. É interessante que alguns participantes desses pequenos grupos assumam algumas funções na realização da atividade proposta, como secretariar o grupo, controlar o tempo, ser o porta-voz do grupo na plenária. No grande grupo (plenária) deve ser incentivada a discussão envolvendo todos os participantes, alargando a visão de cada um sobre o tema do encontro.

Atividades que exigem uma apresentação de ideias seguida por questionamentos e comentários (mesa-redonda, debate, apresentação de propostas): Essas atividades são recursos para apresentação e discussão de um tema que une várias pessoas em torno de um interesse específico, sob a condução de um moderador; elas permitem ampliar conhecimentos e discutir conceitos ou ideias, uma vez que opiniões diversas são aceitas. Na mesa redonda, cada integrante expressa livremente seus pensamentos sobre o tema; os debatedores, por sua vez, devem ter posições distintas, permitindo um confronto de ideias. A apresentação de propostas (sugerida no formato de um programa eleitoral) exige um conhecimento e uma reflexão sobre a realidade, cuja transformação deve ser o alvo das propostas. É importante que as regras da atividade sejam claramente explicadas pelo catequista e que os crismados escolham livremente e de comum acordo qual o papel que cada um irá desempenhar.

Atividades que envolvem encenações (dramatização, cena muda, sociodrama): As encenações são recursos que permitem que os crismados demonstrem sua percepção sobre o tema aprofundado no encontro, além de desenvolver a criatividade do grupo e contribuir para superar a inibição.

Exibição de filmes: O uso de filmes deve ser pensado para auxiliar a reflexão dos temas propostos. Por estarem intimamente relacionados ao lazer, os filmes quebram barreiras e sua utilização educa o olhar, desperta o senso crítico e favorece o desenvolvimento da capacidade de observação da realidade. O catequista-animador precisa conhecer o filme, identificar partes, elementos ou cenas que melhor apresentem o tema, e deve retornar a eles por ocasião da discussão. É interessante aproveitar a oportunidade para esclarecer outros aspectos apontados pelo filme, relacionados ou não ao tema, para tirar dúvidas ou corrigir percepções. Na exibição de filmes, é necessário ter em conta a duração do encontro e encontrar alternativas que permitam a atividade. Sugere-se que os filmes sejam exibidos no encontro seguinte a aquele em que o tema é apresentado. Com isso, não há prejuízo ao encontro, que pode ser conduzido com tranquilidade, levando o crismado a manifestar-se. Além disso, com a exibição em outro encontro, fica favorecido o aprofundamento do tema. É apresentada, ao final desse volume, uma relação de filmes que abordam alguns dos temas propostos, permitindo ao catequista-animador ter, assim, algumas possibilidades de escolha.

Realização de entrevistas: Uma entrevista procura explorar o que uma pessoa sabe, acredita, espera, sente, deseja e, assim, tem por objetivo obter informações do entrevistado. Dados objetivos e subjetivos são obtidos, esses últimos são particularmente interessantes porque dizem respeito aos valores, às atitudes e às opiniões do entrevistado. A preparação da entrevista deve ser cuidadosa para que o entrevistado possa contribuir, de fato, para o objetivo pretendido. As questões relacionadas ao cotidiano dos crismados são capazes de fornecer importante contribuição para o entendimento do tema.

Mutirão da solidariedade: Os adolescentes ou jovens abraçam uma ideia quando veem sua utilidade e, a partir disso, tornam-se preocupados com os resultados que podem ser alcançados. A realização de um mutirão da solidariedade é uma oportunidade para aproximar os crismados da realidade de sua comunidade e para que eles se envolvam, concretamente, nas transformações dessa realidade.

Algumas atividades propostas – como a entrevista, as encenações, o mutirão e o debate – exigem um tempo de preparação. Portanto, sugere-se que sejam realizadas no encontro seguinte àquele em que o tema foi apresentado.

É preciso atrair os crismados com atividades dinâmicas que os levem a tomar gosto pela vida em comunidade, experimentando a vivência em grupo, e que despertem a vontade de praticar o projeto de vida de Jesus Cristo. Além das atividades propostas em cada encontro, é preciso descobrir outros espaços para que os crismados possam se expressar. Alguns exemplos: realização de gincanas com tarefas beneficentes ou instrutivas, eventos esportivos com a participação dos familiares e amigos dos crismados, mutirão ecológico, missão jovem na comunidade ou em uma comunidade vizinha, campanhas solidárias, momentos de convivência fora do ambiente dos encontros para tratar de assuntos escolhidos pelo grupo, preparação de uma missa dominical em cada mês, realização de um retiro ou dia de espiritualidade, confraternizações, enfim, muitas são as atividades que podem auxiliar cada crismado a crescer "em estatura e em graça", a ser pessoa capaz de amar e servir aos irmãos. Para estreitar os laços de amizade entre os participantes do grupo e fortalecer o sentido de pertença à comunidade podem, ainda, ser programadas algumas exibições de filmes, em horários diferenciados, para as quais são convidados familiares, amigos, namorados.

O grupo de crismados pode, também, ser chamado a colaborar, dentro das suas possibilidades, com a comunidade e, particularmente, com a catequese. Por exemplo, na acolhida dos novos catequizandos, no início das atividades catequéticas, os crismados podem organizar e assumir atividades como momentos de lazer, músicas, lanche ou momentos de oração.

Ainda mais um aspecto deve ser mencionado em relação às atividades: as famílias não podem ficar alheias ao processo de crescimento na fé dos crismados. Elas são o suporte nesse período da vida, em todos os aspectos. Por isso, é importante que as famílias participem de algumas atividades diretamente – por exemplo: eventos esportivos, exibição de filmes e entrevistas – ou como convidadas – momentos celebrativos – e, também, que exista um bom contato entre os pais ou responsáveis e o catequista-animador do grupo.

Momentos Celebrativos

Nos itinerários catequéticos, os momentos celebrativos são tão importantes quanto os encontros. De fato, não há como enraizar aquilo que é motivo de ensinamento e de reflexão nos encontros se não houver espaço para uma interiorização, para um agradecimento ou um louvor. Os crismados, que já devem ter claro que os momentos de oração e celebrativos são oportunidades para o diálogo com Deus, são incentivados a aumentar sua intimidade com o Pai; o silêncio é valorizado, dando espaço para interiorização da mensagem anunciada.

Neste volume são propostos quatro momentos celebrativos, os quais devem ser bem preparados: cantos, narradores, ambiente. Os leitores são escolhidos com antecedência, para que possam proclamar a Palavra na celebração com dignidade e respeito. Para facilitar sua realização, não é essencial a presença do ministro ordenado nas celebrações propostas, que podem ser conduzidas pelo catequista-animador, bem preparado para assumir essa função.

Uma celebração de acolhida dá início ao grupo de convivência pós-crisma, recebendo com alegria quem se propõe a continuar a caminhada de crescimento na fé. Segue-se uma celebração mariana, uma exortação à confiança em Jesus e, por fim, um momento de adoração ao Santíssimo Sacramento. Sugere-se que essas três últimas celebrações aconteçam em um horário diferente daquele em que se dão os encontros, sendo as famílias convidadas a participar desses momentos celebrativos.

Queridos catequistas, é com alegria que apresentamos este subsídio para os grupos de convivência pós-crisma. Sabemos que haverá desafios a enfrentar, mas sabemos, também, em quem confiamos. "Conhecer a Jesus Cristo pela fé é nossa alegria; segui-lo é uma graça, e transmitir este tesouro aos demais é uma tarefa que o Senhor nos confiou ao nos chamar e nos escolher". (DAp n. 29)

Que a alegria de servir seja a nossa força!

Um abraço carinhoso,

Maria do Carmo Rollemberg

Celebração

COMO É BOM ESTARMOS AQUI!

→ **Acolhida**

Animador: Bem-vindos, todos vocês que há pouco tempo se apresentaram diante de Deus e da comunidade, e receberam o Sacramento da Confirmação. É muito bom ter vocês aqui. Queremos que a participação de cada um neste grupo de convivência seja bom motivo de alegrias! Jesus Cristo nos entusiasma e dá sentido à nossa vida, Ele é capaz de despertar em nós a vontade de buscar uma vida melhor, para nós e para os outros, e é isso que nos traz aqui. Felizes porque somos amados por Deus e chamados a testemunhar esse amor, vamos dizer a quem está perto: "Que bom que você veio, como é bom estarmos aqui!", e vamos saudar com aplausos a presença de cada um aqui!

Canto de acolhida

→ **Recordação da vida**

Animador: Iniciemos em nome do Pai e do Filho e do Espírito Santo.

Todos: Amém.

Animador: A vida, os acontecimentos de cada dia, as pessoas que encontramos, as conquistas e as dificuldades, as lembranças da nossa história, tudo isso são sinais de Deus. Eles nos preparam para escutar

---

AMBIENTE DA CELEBRAÇÃO

Prepare o ambiente para a celebração colocando, em lugar destacado, uma Bíblia (a Palavra que guia nossa vida), algumas plantas ou flores (a alegria de ser cristão) e uma vela (a luz de Jesus Cristo que ilumina nosso caminho).

CANTOS

Defina com antecedência os cantos de acolhida, de aclamação ao Evangelho e de despedida; escolha cantos que sejam bem conhecidos em sua comunidade.

Defina, também, os refrãos meditativos e a música instrumental para a interiorização da Palavra. O Salmo, se possível, deve ser cantado.

PROCLAMAÇÃO DA PALAVRA

Sendo o primeiro encontro do grupo, faça você mesmo a leitura do texto bíblico, ou convide outro catequista para fazê-la, solenizando esse momento de escuta e acolhimento da Palavra de Deus.

e acolher a Palavra de Deus. O que podemos trazer presente da nossa caminhada na catequese, da nossa vida pessoal, da nossa comunidade? (Manifestações espontâneas.)

Salmo 135(136)

Animador: Cantemos nosso louvor a Deus pelas maravilhas que Ele faz em nossa vida.

Todos: Eterna é a sua misericórdia.

→ **Aclamação ao Evangelho**

Proclamação da Palavra – Lc 10, 38-42

Animador: Jesus sempre tem uma palavra nova para nós. Palavra que ensina, ilumina nossa vida, ajuda na caminhada. Preparemos nosso coração para acolher a palavra de Jesus.

Leitor: Proclamação do Evangelho de Jesus Cristo segundo Lucas.

Leitor: Palavra da Salvação.

Todos: Glória a vós, Senhor!

Refrão meditativo para interiorização da Palavra proclamada

Animador: É difícil transformar nossa vida sem experiências significativas. Para viver como discípulos de Jesus, a nossa atitude não pode ser outra, senão deixar-nos ficar aos pés do Mestre, ouvindo, como fez Maria no texto que ouvimos. Não podemos nos distrair com cuidados materiais ou com preocupações com as realidades terrenas. A "melhor parte", que não é tirada ao discípulo, é a escuta da palavra do Mestre. Mas é preciso cuidado! Escutar o Mestre não é passividade nem espera inerte por alguma mudança, mas uma ação concreta e exigente pelo Reino.

Refrão meditativo para interiorização da Palavra proclamada

Animador: Coloque-se diante de Jesus, como a Maria do texto que foi proclamado. Imagine-se sentado aos seus pés. O que Ele lhe diz? Converse com Jesus.

Música instrumental

Animador: Uma pergunta para sua reflexão: o que lhe parece o mais importante, em que você está pronto a investir sua vida?

Refrão meditativo

→ Preces

Animador: Jesus fala conosco e nos escuta. Movidos pela gratidão, rezemos, respondendo após cada prece:

Todos: Nós te damos graças e te pedimos, Senhor!

Leitor 1: Pelo amor e pela fé que crescem em nossa vida a cada dia.

Leitor 2: Por todas as pessoas que nos ajudaram a chegar até aqui.

Leitor 3: Por tua presença no meio de nós, por tua Palavra que nos sustenta na caminhada da vida.

Leitor 4: Pela pessoa que nos tornamos.

Preces espontâneas...

Pai-nosso

→ Ação de graças

Animador: Queridos jovens, demos graças a Jesus, que nos reúne em seu Nome.

Todos: Senhor Jesus, tu nos reuniste pela força do teu Amor. Obrigado(a) pela vida, por nossas famílias, pelo amor que tens por nós. Obrigado(a) pela força a cada novo dia, pela tua bondade imensa, pelas bênçãos que recebemos. Nós te damos graças, Jesus, porque somente tu dás sentido à nossa vida. Estamos aqui e queremos crescer contigo. Queremos ser construtores do teu Reino e testemunhar teu projeto de vida. Ensina-nos, Jesus, a descobrir os caminhos que devemos seguir, sem nunca perder a esperança. Amém!

→ Bênção e envio

Animador: O Deus da vida nos conceda a graça de vivermos em comunhão fraterna, atentos às necessidades do Reino. Que ele derrame sobre nós a sua bênção, agora e sempre. Em nome do Pai e do Filho e do Espírito Santo.

Todos: Amém!

Animador: Louvado seja Nosso Senhor Jesus Cristo.

Todos: Para sempre seja louvado.

Canto de despedida

1 UMA PROPOSTA SÉRIA, COM NOME E AUTORIDADE!
Uma proposta de vida

Receber uma proposta exige pensar sobre ela. É séria, é arriscada? Por quê? O que exige de quem a recebe? Que consequências há em aceitá-la?

Converse com o grupo sobre uma proposta, pedindo que pensem como quem faz a proposta e, especialmente, como quem a recebe. Pode apresentar exemplos como uma proposta para trabalhar no exterior, de casamento, ou outras mais próximas da realidade dos crismados. A partir dos sentimentos expressados e identificados nesse diálogo, como entusiasmo, dúvida, medo, alegria, as experiências pessoais podem ser questionadas:

> *Deus tem uma proposta de vida para cada pessoa, revelada por Jesus Cristo. Aceitar esta proposta de Deus é assumir a vocação de filhos de Deus.*

↳ *Você já recebeu alguma proposta?*

↳ *Já recebeu uma proposta que compromete toda a sua vida?*

Explore as respostas do grupo, questione sobre o sentido do nosso comprometimento diante de diferentes situações. Traga à discussão propostas distintas – trabalho, noitadas com bebidas, uso de drogas, propostas que comprometem a vida do jovem para o bem ou para o mal. Questione as respostas impulsivas: que consequências podem trazer? Dar respostas impulsivas apenas para fugir daquilo que não consegue administrar bem – que danos podem resultar?

Pode utilizar estrofes de algumas músicas para provocar a discussão entre os crismados – "Na Noitada" (Pagode da Gente), "Não se apaixone não" (Calcinha Preta), "Nem a pau" (Pedro Henrique & Fernando), "O mal é o que sai da boca do homem" (Pepeu Gomes), "Ideologia" (Cazuza).

Todas essas situações devem ser conversadas de modo a ser decisiva a diferença para a proposta de Deus para o ser humano. Deus propõe com autoridade de Criador, de Pai amoroso, ciumento de seus filhos.

Deus tem uma proposta de vida para cada pessoa

Antes da leitura do texto do catequizando, comente que alguns personagens bíblicos, como Moisés, Abraão, Maria, receberam propostas de Deus e, nas suas realidades, reagiram à proposta recebida e viram suas vidas transformadas.

A partir dessas histórias, traga a reflexão para um contexto mais pessoal: na realidade da nossa vida, todos nós temos sonhos, imediatos ou para daqui a muitos anos, passageiros ou para a vida toda. Sonhamos com bons momentos perto de quem amamos, com conquistas, com felicidade, com vida digna para nossos familiares.

Em seguida à leitura do texto do livro dos crismados, explore: o que significa ser predileto para alguém? Como se manifesta essa predileção? Explique o que é uma proposta concreta – Deus ama, Deus cuida, relaciona-se com cada um de nós na realidade da nossa vida.

Deus relaciona-se conosco de maneira concreta: em Jesus, que é a proposta de Deus. Com que sentimentos e experiências ouvimos a Palavra de Deus? Explore o ouvir a Palavra e lembre que a forma e os sentimentos com que a experimentamos nos fazem dar diferentes respostas. Em seguida, questione o grupo:

- *Como podemos construir uma resposta concreta à voz de Deus, tornando realidade nossos sonhos?*
- *Como os crismados percebem isso? O que consideram ser uma resposta concreta à proposta de Deus para cada um?*

Para desenvolver essas questões e permitir que todo o grupo possa se expressar, faça uma tempestade de ideias, conversas em duplas, uma discussão com todo o grupo ou, ainda, uma dramatização das respostas.

Jesus Cristo, referência do nosso projeto de vida

Depois de ler o texto do livro do crismado, neste contexto de projeto pessoal e proposta de Deus, apresente o exemplo maior que temos: Jesus. Lembre que Ele respondeu à proposta de Deus fazendo da sua vida uma oferenda ao Pai, cumprindo sua missão entre nós. Jesus como referência envolve questões como justiça, verdade, respeito. O grande ensinamento de Jesus vinha com perguntas que levavam as pessoas a questionarem as próprias decisões e atitudes, coisas simples que hoje estão desaparecendo nas relações interpessoais.

Jesus faz um convite a cada pessoa: aceitar a proposta de Deus para sua vida. Não seguir Jesus é recusar a proposta de Deus, é afastar-se do seu projeto para nós. E afastar-se do Pai causa tristeza em nós.

Jesus diz "segue-me", mas jovem vai embora triste

Proclamação da Palavra – Mt 19, 16-22

Faça uma breve reflexão sobre o texto bíblico, conforme consta no livro do crismado, e conduza à conclusão que seguir Jesus, aceitar a proposta de Deus para nossa vida, significa abrir mão "do que temos" – não dos bens que possuímos, mas daquilo que nos dá sensação de segurança. Seguir Jesus implica colocar-se totalmente nas mãos do Pai, aceitar seu projeto, abrir-se à sua vontade.

Você já reparou que Jesus nunca nos impõe nada?

Conforme o texto no livro do crismado, peça que leiam novamente a passagem do Evangelho de Mateus e, na sequência, converse sobre o diálogo entre o jovem e Jesus, as atitudes e palavras de cada um. Em seguida, coloque em discussão situações de imposição e os sentimentos que despertam. Pergunte como se sentem quando são obrigados a fazer alguma coisa da qual não gostam e sobre exigências e imposições nas diferentes relações – entre pais e filhos, entre amigos, entre namorados. Questione o que acontece quando, nas relações, um quer impor sua vontade, seu modo de enxergar o mundo.

Compare essas situações à atitude de Jesus para conosco: Ele não faz imposição, Ele pede, convida. Jesus é movido apenas pelo amor: Ele chama e espera nossa resposta.

Jesus mostra como construir e realizar nosso projeto de vida

Antes da leitura do texto que está no livro dos crismados, converse sobre atividades que exigem uma preparação individual, como viajar sozinho, organizar o quarto ou preparar o próprio almoço.

Proponha que, durante a semana, cada um procure ser independente dos pais em tudo o que for possível como arrumar o quarto, horário de estudo, preparar o que vai comer. Na sequência, direcione a discussão para um projeto de vida com questões tais como: já pensaram sobre o que querem para a sua vida? Como se sentem em relação ao futuro? Como podem ter decisões e ações que os ajudem a viver seus sonhos?

Projeto Pessoal de Vida (PPV)

Esclareça o sentido de construir um Projeto Pessoal de Vida (PPV) a partir do livro do crismado – quais os passos, que reflexões pessoais são necessárias, como colocar-se diante das realidades e surpresas da vida, como ser senhor da própria vida, confiando-a ao Pai.

Oriente carinhosamente para que cada um, durante a semana, procure iniciar seu PPV, pensando e ponderando sobre tudo o que considera necessário para elaborá-lo: atitudes, perspectiva de uma sociedade melhor, ser uma pessoa coerente com sua fé. Ajude cada crismado a perceber que tudo o que ele quer ser está associado ao seu modo de agir.

No encontro seguinte, lembre-se de abrir espaço para conversar sobre o PPV. E, em cada encontro seguinte, o PPV deve ser lembrado, chamando a atenção do crismado para a necessidade de repensar seu projeto de vida.

Para Meditar

Sl 118(119) – nossa intimidade com Deus.

Oração da semana

Ah, Senhor, quem dera eu pudesse viver a vida que tu queres para mim! Move meus passos, Senhor, move meu coração para aceitar tua proposta de vida! A quem irei, Senhor? Só tu tens palavras de vida eterna...

PARA NÃO ESQUECER

- Prepare o local do encontro: coloque a Bíblia em um lugar destacado, ladeada por flores e uma vela.

- Faça uma oração para iniciar o encontro. Convide um ou mais crismados para que participem diretamente dessa oração.

- Cuide para que a proclamação da Palavra seja feita com simplicidade e muito respeito.

- Com uma breve reflexão e alguns questionamentos, ajude o grupo a compreender a Palavra proclamada.

- Incentive os crismados para que criem o hábito da leitura diária da Palavra de Deus, sozinhos ou com os familiares. Incentive, também, a oração diária, como forma de diálogo constante com o Pai.

- Motive o grupo para que, durante a semana, cada um expresse os sentimentos, as ideias e as decisões despertados nesse encontro, registrando-os no espaço "O que vi e ouvi leva-me a dizer" em seu livro.

- Faça uma oração para encerrar o encontro. Se quiser, motive o grupo para a oração da semana e rezem juntos como oração final

2 — O GRANDE PRESENTE DE AMOR DE DEUS

A vocação de filhos de Deus

Utilize imagens de pais e filhos, em diferentes situações, para motivar uma conversa sobre essa relação. A partir do texto do livro do crismado, reforce a ideia de que a vida é recebida dos pais e questione o significado de ser filho e suas implicações:

> *Ao nascermos, Deus nos chama à vida. Durante toda a nossa existência, Deus nos chama a ser seus filhos. Como filhas e filhos de Deus, descobrimos que o Pai amoroso sabe das nossas necessidades e nos entregamos à sua providência.*

↳ *Para você, o que é ser filho?*

Deus nos chama para sermos filhos – esse é o seu projeto para nós

Leia o primeiro parágrafo do livro do crismado e comente que nossa vocação fundamental é a de filhos de Deus. Mostre que Jesus fazia questão de aproximar o povo do Pai, queria que o povo reconhecesse seu Pai como "nosso" Pai.

Após a leitura do parágrafo seguinte do livro do crismado, faça referência ao significado de filho apontado anteriormente pelo grupo e questione:

- *Será que temos consciência da importância de aceitar este chamado a sermos filhos de Deus?*

Na conversa com o grupo, peça que indiquem sinais de que aceitamos ser filhos de Deus. Ajude os crismados para que percebam que nossas atitudes indicam a intimidade que temos com o Pai.

Jesus Cristo, nosso modelo como filhos de Deus

Comente, a partir das ideias surgidas anteriormente, que Jesus é nosso modelo de filho de Deus. Motive o grupo para identificar, nas atitudes de Jesus, aquelas que o identificam como modelo a ser seguido. Provoque uma comparação com as atitudes que foram mencionadas anteriormente pelo grupo. Lembre que acreditar em Jesus implica em viver como Ele viveu!

Conforme o livro do crismado, durante a leitura do texto proposto, converse sobre o que São João ensina sobre as atitudes e o comportamento dos filhos de Deus. Se for possível, forme pequenos grupos para conversar sobre um dos aspectos destacados por São João e, na sequência, faça uma grande partilha.

Explore os elementos destacados por São João: o que é a proposta de justiça cristã para o mundo hoje? O que é praticar o amor e a justiça e amar com ações? Por que quem é de Deus pratica a justiça? Alguns fatos concretos da vida dos crismados podem ajudar nessa reflexão: desarrumar a casa ao chegar, tendo encontrado tudo bem arrumado, é amar com ações? Humilhar o motorista do ônibus ou o porteiro do colégio é praticar o amor? Não cumprir suas obrigações é ser justo? A violência no trânsito pode ser resultado da falta de entendimento do que é amar com ações?

O Espírito testemunha que somos filhos de Deus

Proclamação da Palavra – Rm 8, 14 – 17

Em seguida à reflexão sobre a Palavra proclamada, dê destaque: os filhos de Deus deixam-se conduzir pelo Espírito do Pai e vivem conforme sua vontade, não por obrigação, mas por amor.

Somos filhos de Deus, nossa dignidade e compromisso

Depois da leitura do primeiro parágrafo do texto do livro do crismado, comente que ser filho de Deus nos dá uma dignidade própria, que nos diferencia das demais formas de vida e, também, nos compromete. Isso significa que em tudo o que fizermos deve aparecer nossa dignidade de filhos de Deus. Somos criaturas de Deus, mas só nós, humanos, fomos criados à imagem e semelhança do Pai, somos seus filhos. Isso exige de nós compromisso, discernimento.

Leia o parágrafo seguinte do livro e apresente situações ao grupo, pedindo que identifiquem o comportamento que devemos ter como filhos de Deus: como alunos ou profissionais, nas relações familiares, no cuidado com os pais, na atenção às pessoas com quem nos encontramos, em nossa comunidade. Nesta dinâmica, questione: é fácil ter o comportamento de filhos de Deus?

Proponha um desafio para a semana: cada crismado deve procurar ter sempre um comportamento de filho de Deus em casa, no colégio, com as pessoas que encontrar nas diferentes situações. Sugira que cada um lembre outro crismado para que procure ter esse comportamento; isso pode ser feito, por exemplo, pelas redes sociais.

Deus é Pai, nós somos seus filhos

Depois da leitura do texto do livro do crismado, recorde as ideias que surgiram no início do encontro sobre o que é ser filho e acrescente o que é ser pai. Lembre que Deus é cheio de compreensão para conosco e nos quer como filhos, próximos, convivendo em sua intimidade.

Palavras que fortalecem

Para realizar a atividade proposta, comece questionando como podemos fortalecer nosso relacionamento com Deus, nosso Pai. Explique que juntos irão buscar responder essa questão a partir de pistas fornecidas por algumas palavras, sobre as quais irão conversar a partir da leitura da história do Rafael, que está no livro e que servirá de ponto de partida para a conversa sobre nossa relação filial com Deus.

> Rafael tenta mover seu armário, com todas as suas coisas dentro. Empurra de um lado, puxa do outro, e nada. O pai, junto à porta, observa o esforço em vão do seu filho e, depois de algum tempo, pergunta:
> - Filho, você está usando toda a sua força?
> Rafael, irritado por não conseguir o que queria, grita:
> - Estou, sim!
> - Não, diz o pai. Você ainda não pediu minha ajuda!

Forme dois grupos – "A" e "B" – e, em seguida, sete subgrupos em cada grupo. Cada subgrupo deve receber uma das palavras apresentadas a seguir e conversar sobre nosso relacionamento com Deus usando a palavra recebida:

CONVERSA – RESPEITO – SINCERIDADE – ACEITAÇÃO – GRATIDÃO – ORAÇÃO – AMOR

Os sete subgrupos do grupo "A" deverão conversar como se fossem pais; os sete subgrupos do grupo "B", como se fossem filhos. Na sequência, os sete subgrupos de cada grupo se reúnem para partilhar o que conversaram. Ao final, conduza uma grande discussão sobre o tema:

Como posso assumir minha vocação de filho de Deus e, assim, fortalecer e aprofundar minha relação com Ele?

Para Meditar

1Jo 3,1s – a vocação de filho de Deus.

Oração da semana

Pai de bondade, alegro-me por poder dizer as mesmas palavras de Jesus: Abba! Quero abrir meu coração, ouvir-vos chamar "vem ser meu filho!" e dar minha resposta ao vosso amor. Sustentai-me, Paizinho, para que eu nunca me afaste de ti!

PARA NÃO ESQUECER

- No local do encontro, coloque um painel com imagens ou fotos de pais com seus filhos, em diferentes situações, e utilize essas imagens como motivação na proposição do tema.
- Não esqueça: faça memória do encontro anterior e pergunte sobre a experiência de pensar o PPV.
- Cuide para que a proclamação da Palavra seja feita com simplicidade e muito respeito.
- Com uma breve reflexão e alguns questionamentos, ajude o grupo a compreender a Palavra proclamada.
- Para a atividade: prepare cartões com as palavras, repetidas uma vez. Forme quatorze grupos e distribua os cartões, de modo que haverá dois grupos com uma mesma palavra.
- Defina o tempo para a conversa nos subgrupos, nos grupos e a grande discussão com todos os crismados.
- Incentive os crismados para que criem o hábito da leitura diária da Palavra de Deus, sozinhos ou com os familiares. Incentive, também, a oração diária, como forma de diálogo constante com o Pai.
- Motive para que cada um se expresse sobre a experiência vivida no encontro no espaço "o que vi e ouvi leva-me a dizer".
- Faça uma oração ao iniciar e para encerrar o encontro.

3

EU SOU SANTO

A marca dos filhos de Deus

Apresente os aspectos mais importantes da vida de alguns santos. Procure falar sobre santos conhecidos do grupo, como Madre Tereza de Calcutá, Irmã Dulce e São João Paulo II.

Motive, conforme está no livro do crismado, para que o grupo reflita sobre a questão:

Todos recebemos o chamado à santidade, isto é, a saber ouvir e aceitar a vontade de Deus para nossa vida. Ser santo nos permite estar na presença de Deus. Ser santo é separar o coração e a vida para o Senhor!

↳ *Afinal, o que significa ser santo?*

Deus nos chama para sermos santos – essa é a nossa marca

Comente que, como filhos de Deus, somos chamados para viver sempre perto do Pai, de sua presença amorosa. Acolher essa presença em nós significa viver uma vida santa. Lembre que os Sacramentos, especialmente a Eucaristia, são ocasiões que nos fortalecem nesse caminho de santidade, pois sempre nos aproximam mais de Deus.

Antes da leitura da segunda parte do texto do livro do crismado, questione o grupo: em nossas atividades diárias, como podemos ser santos? É preciso fazer coisas grandiosas?

Em seguida à leitura do texto, e recorrendo a situações comuns da vida dos crismados, lembre que Deus está presente nos grandes acontecimentos, mas também nas pequenas coisas. Conduza a conversa para que compreendam que a santidade está em ouvir a vontade do Pai e fazer tudo como Ele, isto é, com amor.

Jesus Cristo, Mestre e modelo de santidade

Depois de ler o texto do livro do crismado, apresente Jesus como nosso modelo de santidade. Questione o grupo sobre as atitudes de Jesus em diferentes situações e deixe que identifiquem as características que se revelam em cada uma dessas situações. Comente que essas são as características que devemos apresentar em nossa realidade diária.

Como filhos, imitadores do Pai

Proclamação da Palavra – Lc 6, 31-36

Faça uma breve reflexão sobre a Palavra proclamada e, na sequência, chame a atenção do grupo para os seguintes pontos:

- As palavras de Jesus devem nos incomodar, tirar-nos do nosso comodismo. Procure com o grupo apontar situações concretas em que isso acontece. Jesus ensinava aqueles que o escutavam e as suas palavras faziam as pessoas pensarem sobre suas vidas e suas decisões.

- Precisamos perceber a vida cristã como imitação de Deus, do seu amor misericordioso, de sua bondade e generosidade e, ao agirmos assim, mostramos que somos seus filhos. Jesus nos diz que devemos ser bons e misericordiosos porque "vosso Pai que está nos céus" é bom e misericordioso. Jesus nos mostra, com suas próprias atitudes, como é ser filho de Deus.

Rejeitar a santidade é rejeitar o Pai

A partir da leitura do texto do Papa Francisco, questione os crismados sobre sua compreensão com algumas questões como, por exemplo: como percebem a afirmação "nossa resposta de amor também não deveria ser entendida como uma mera soma de pequenos gestos pessoais a favor de alguns indivíduos necessitados, ... uma série de ações destinadas apenas a tranquilizar a própria consciência."?

Comente com o grupo que quando nos recusamos a assumir a proposta do Reino de Deus e não acolhemos a sua presença em nós, recusamos o chamado à santidade e, assim, rejeitamos o Pai.

A santidade é um estilo de vida

Comente com o grupo sobre como Deus vê cada um de nós e como Ele nos quer: santos, pois assim seremos mais felizes e o mundo será melhor. Coloque a santidade como uma escolha que fazemos apenas movidos por nosso amor a Deus e, assim, não pode ser entendida como um fardo pesado a ser carregado ou uma obrigação chata a ser cumprida.

Lembre aos crismados: Jesus era incansável ao ensinar como deve ser nossa vida de filhos de Deus e deu algumas dicas sobre a santidade.

Os textos bíblicos indicados apresentam uma característica própria de quem vive a santidade. Proponha formar pequenos grupos para discutir, em cada um, uma dessas características:

- Ser santo é não se deixar contaminar pelo mal, pelo egoísmo, pela violência, pela mentira. Jesus disse que o que sai de nós é que nos contamina (cf. Mc 7, 15-23).
- Ser santo é amar o próximo. Jesus contou a parábola do bom samaritano para nos chamar a atenção sobre como tratamos as pessoas à nossa volta (cf. Lc 10, 31-37).
- Ser santo é entregar-se inteiramente ao Senhor, porque não existe santidade sem pertencer a Jesus (cf. Ef 1, 1-6).

Na sequência, após a discussão nos grupos, conduza uma partilha sobre a compreensão que os crismados têm acerca da santidade hoje, para ajudá-los a entender o pensamento de Santo Afonso que é apresentado como motivação para a atividade proposta.

Painel "O Querer e o Fazer"

Apresente o pensamento de Santo Afonso e motive o grupo a expressar seu entendimento. Ajude-os a compreender que *fazer o que Deus quer* significa ouvir, acolher e praticar os ensinamentos de Jesus, e que *querer o que Deus faz* implica em aceitar com confiança a sua vontade para nossa vida.

Motive o grupo para que expresse sua percepção em um grande painel, que deverá permanecer exposto na sala de encontros do grupo ou em um lugar visível para a comunidade. Oriente quanto à construção do painel, que deve apresentar a percepção dos crismados em diferentes cenas utilizando desenhos, pinturas, recortes de revistas ou jornais.

Para Meditar

Fl 1, 10 – a vocação à santidade.

Oração da semana

Pai santo, concedei-me a graça de seguir firme nos passos de vosso Filho Jesus humilde, pobre, obediente, sendo fiel à minha vocação cristã, para chegar à santidade à qual vós me chamastes.

PARA NÃO ESQUECER

- No local do encontro, exponha figuras de santos, alguns jovens, outros atuais, e comente sobre suas vidas ao propor o tema do encontro.
- Cuide para que a proclamação da Palavra seja feita com simplicidade e muito respeito.
- Com uma breve reflexão e alguns questionamentos, ajude o grupo a compreender a Palavra proclamada.
- Defina um tempo para que os pequenos grupos conversem sobre as características da santidade apontadas nos textos bíblicos indicados e, também, para a partilha na sequência.
- Para a atividade, forme um grande painel unindo folhas de papel. Leve canetas coloridas, tintas e pincéis, revistas e jornais, tesoura, cola. Estipule uma duração para essa atividade.
- Incentive os crismados para que criem o hábito da leitura diária da Palavra de Deus, sozinhos ou com os familiares. Incentive, também, a oração diária, como forma de diálogo constante com o Pai.
- Motive o grupo para expressar-se no espaço "O que vi e ouvi leva-me a dizer".
- Faça uma oração ao iniciar e para encerrar o encontro.

4

COMO DISCÍPULO, VENHO SERVIR

A atitude dos filhos de Deus

Discípulo é aquele que segue os passos do Mestre, aprende com Ele e procura imitá-lo. A partir dessa afirmação, lembre ao grupo que Jesus chama todas as pessoas para que sejam seus discípulos e, em seus ensinamentos, mostra as características desse discípulo.

Questione:

> *Ser discípulo de Jesus é olhar para Ele e aprender com Ele; essa é a essência do discipulado. E quem se faz discípulo de Jesus faz-se servo, imitando o Mestre, acolhendo os irmãos e colaborando com o Pai.*

↳ Qual deve ser o objetivo do discípulo de Jesus?

↳ É possível ser discípulo de Jesus nos dias de hoje?

Deus nos chama para servir – essa é a atitude do discípulo

Leia com o grupo o primeiro parágrafo do texto do livro e comente que aceitar o chamado para colaborar com Deus é permitir que Ele atue em nós, transformando-nos e fazendo-nos sempre mais parecidos com Jesus.

Questione os crismados: como podemos ser parecidos com Jesus em nosso dia a dia?

Mostre que, com seus ensinamentos, o próprio Jesus nos mostra o caminho para nos tornarmos seus discípulos, um caminho de sacrifícios, sem privilégios. Recorde com o grupo alguns ensinamentos de Jesus nos quais Ele aponta o caminho do discipulado: Mt 4, 18-20; Mt 6, 33s; Mt 7, 1s; Mt 7, 21-23; Mt 7, 24-27; Mt 10, 5-15.

Jesus diz, também, que Deus tem reservada a nossa recompensa. Como os crismados entendem essa recompensa à qual Jesus se refere? Veja no texto que está em Mt 19, 27-29 o que Jesus fala sobre a recompensa dos que o seguem e converse com o grupo.

36

Jesus Cristo, nosso Mestre e Senhor

Depois da leitura do texto do livro dos crismados, insista: uma palavra-chave nos ensinamentos de Jesus é o amor. Ele afirma que o amor verdadeiro e desinteressado é a marca de quem o segue.

Então, podemos entender que somos verdadeiros discípulos de Jesus se, mesmo com nossos limites, temos a vontade sincera de amar como Ele nos amou. Provoque uma tempestade de ideias, pedindo que cada um diga atitudes comuns nos dias de hoje nas relações interpessoais e a atitude do discípulo.

Seguir Jesus Cristo exige radicalidade

Proclamação da Palavra – Lc 14, 25-33

Na sequência à reflexão desse texto bíblico, explore o sentido de "ir com Jesus". Ajude o grupo a perceber as implicações que acompanham essa decisão. Converse sobre decisões radicais, capazes de mudar a vida das pessoas. Mostre a radicalidade da entrega da vida de Jesus e questione o grupo: que radicalidade é essa exigida de quem quer ir com Ele? Mostre que a radicalidade do discipulado se percebe nas pequenas atitudes do dia a dia, quando decidimos colocar o amor em tudo o que fazemos.

Enfatize que, para ir com Jesus, Ele deve ser o centro da nossa vida, porque para um discípulo a prioridade é viver conforme os ensinamentos de Jesus. O discipulado exige ter Jesus em primeiro lugar em qualquer situação da vida, exige não abrir mão de procurar imitar o Mestre. Em outras palavras, o discípulo não pode ser levado como quem não sabe o que quer. O discípulo de Jesus sabe que sua vida deve ser construída sobre os ensinamentos do seu Mestre.

Jesus no centro da nossa existência

Converse com o grupo sobre as dificuldades que podemos experimentar para ter Jesus no centro da nossa vida e questione sobre o que pode impedir isso. Fale sobre ser rotulado de carola, bobo, santinho por se recusar a participar de alguns encontros, a conviver com alguns grupos ou mesmo a fazer algumas experiências. Explique que não podemos ser discípulos às vezes, quando nos interessa ou quando é fácil. Mostre que o discípulo de Jesus é alguém que se dispôs, de fato, a assumir o projeto do Mestre em sua vida, em todas as situações.

Na sequência, leia com o grupo o texto que está no livro do crismado e converse sobre o sentido da frase em destaque: o discípulo permanece ligado ao Senhor.

O discípulo permanece ligado ao Senhor

Use a comparação da vida humana a uma batalha para conversar sobre o que nos enfraquece, comente que quando tiramos Jesus do centro da nossa vida ficamos mais fracos. E, se aceitamos viver os seus ensinamentos, isto é, se aceitamos fazer a experiência do Evangelho, permanecemos ligados ao Senhor, como verdadeiros discípulos.

Atitude é tudo

Jesus mostrou, em muitas situações e de muitas maneiras, como é "ir com" Ele, ser seu discípulo.

Forme pequenos grupos para conversar sobre uma das ideias propostas a partir da leitura dos textos bíblicos indicados.

1. O discípulo tem um preço a pagar: Lc 14, 26-27.33; Fl 3, 7s; Lc 9, 23-26; Mt 7, 13.
2. O discípulo prioriza o Senhor, não dá desculpas: Mt 8, 19-23; Lc 14, 16-24.
3. O discípulo afasta o que o impede de seguir o Mestre: Mt 7, 3-5; Mt 18, 8s; Lc 10, 27.

Na sequência, reúna os grupos que conversaram sobre a mesma ideia para uma partilha sobre a questão:

Qual a atitude do discípulo de Jesus?

Conclua com uma reflexão com todos os crismados sobre a questão proposta. Nessa reflexão, relacione as ideias propostas aos símbolos da cruz, da bíblia e da luz. Jesus pagou com sua morte na cruz sua entrega de amor ao projeto do Pai. A Palavra de Deus é a fonte na qual o discípulo de Jesus se abastece e se fortalece para ter o Senhor como centro de sua existência. Jesus, Luz do mundo, ilumina o caminho do discípulo para que este não deixe de seguir o Mestre.

Proponha ao grupo realizar uma oração espontânea, envolvendo a cruz, a Palavra e a luz a partir das reflexões feitas.

Para Meditar

Sl 1, 1-4 – assumir meu discipulado.

Oração da semana

Senhor Jesus, tu sabes tudo, tu conheces tudo sobre mim. Mostra-me teus caminhos para que possa segui-los e ser um verdadeiro discípulo teu. Fica comigo, Senhor, e ensina-me a fazer a vontade do Pai.

PARA NÃO ESQUECER

- Prepare o ambiente para o encontro colocando em uma mesa uma Bíblia, uma cruz e uma vela; esses elementos estão relacionados às ideias apresentadas na atividade ao final do encontro.

- Cuide para que a proclamação da Palavra seja feita com simplicidade e muito respeito.

- Com uma breve reflexão e alguns questionamentos, ajude o grupo a compreender a Palavra proclamada.

- Para a atividade, defina o tempo para a conversa nos pequenos grupos e, também, para a reflexão reunindo aqueles que conversaram sobre uma mesma ideia.

- Incentive os crismados para que criem o hábito da leitura diária da Palavra de Deus, sozinhos ou com os familiares. Incentive, também, a oração diária, como forma de diálogo constante com o Pai.

- Motive o grupo para expressar-se no espaço "O que vi e ouvi leva-me a dizer".

- Faça uma oração ao iniciar e para encerrar o encontro.

5 SIM, EU QUERO!

Ouvir, aceitar, assumir

Apresente algumas ideias envolvidas no conceito de trabalho: conjunto de atividades realizadas, esforço feito por indivíduos para atingir uma meta, concretizar sonhos, atingir objetivos de vida, expressar capacidades físicas e mentais.[1]

> Quem leva a sério as palavras de Jesus procura ouvir e aceitar as suas propostas.
>
> Quem aceita o amor de Deus em sua vida assume ser no mundo instrumento desse amor.

Procure citar exemplos de empresas com ações concretas no combate ao trabalho escravo, ONGs que atuam em favor das mulheres expostas à violência doméstica, pessoas que fazem trabalho voluntário junto a entidades que acolhem idosos ou migrantes, pessoas que visitam famílias da comunidade que passam dificuldades, famílias que cuidam de seus idosos, e outras mais. Confronte esses exemplos com situações em que existe exploração infantil, trabalho escravo, discriminação de migrantes, violência contra a mulher, ou outras mais.

A partir desses exemplos, questione:

↳ O que é trabalhar pelo Reino de Deus?

↳ Como podemos trabalhar pelo Reino de Deus?

Sim, Senhor, eu quero ser teu instrumento entre os irmãos!

Leia o texto do livro com o grupo e, em seguida, comente que assumir nossa vocação de filhos de Deus e aceitar ser discípulo de Jesus nos faz colaboradores do projeto do Pai. Explore o significado

---

[1] Para aprofundar o conceito de Trabalho, pesquisar: Significados.com.br. **Significado de Trabalho.** Disponível em <http://www.significados.com.br/trabalho/>. Acesso em 08 de jan. de 2015.

da palavra colaborador (pessoa que trabalha com outra em iguais circunstâncias de iniciativa).[2]

Como colaboradores, devemos nos colocar como instrumentos de Deus entre os homens, trabalhando com confiança absoluta naquilo que Ele nos pede, sem receios, porque Jesus garantiu que o que fizermos com amor será reconhecido pelo Pai. Lembre o grupo que o povo hebreu, ao sair do Egito, caminhou por um deserto desconhecido confiante no que o Senhor lhe indicava; lembre, também, que Jesus insiste em nos dizer que devemos confiar no Pai (cf. Mt 7, 9-11).

Jesus Cristo, Caminho, Verdade e Vida

Para ajudar o grupo a compreender o sentido de deixar-se ser instrumento de Deus no mundo, faça uma breve recordação do que lemos nas Escrituras Sagradas sobre o que se seguiu à Ressurreição de Jesus (cf. At 1, 3-8). Questione:

- *Que sentimentos deveriam ter os apóstolos após a Ascensão de Jesus?*
- *Como viam a si próprios sem a presença do Mestre?*
- *O que, concretamente, deveriam fazer?*
- *O que os fez permanecer firmes no seguimento de Jesus, mesmo sem sua presença física entre eles?*

Em seguida, leia com o grupo o texto do livro do crismado. Comente que Jesus não se colocou como uma alternativa nem como um caminho entre muitos, mas afirmou ser "o" Caminho. Mais ainda: Jesus apresentou-se como o Caminho, a Verdade e a Vida, Ele sabia das nossas contradições e fraquezas e, por isso, apresentou-se como o Caminho que devemos seguir.

---

[2] Dicionário Priberam. Colaborador. Disponível em: <http://www.priberam.pt/dlpo>. Acesso em 6 de jan. 2015.

A quem iremos, Senhor?

Proclamação da Palavra Jo 6, 60-68.

Faça alguns instantes de silêncio após a leitura do texto bíblico e peça que os crismados releiam e reflitam sobre essa passagem.

Procure perceber como os crismados compreendem a pergunta feita pelo apóstolo Pedro a Jesus. Que sentimentos trazia Pedro no coração para fazer tal pergunta ao Mestre?

Converse: A pergunta feita por Pedro está, muitas vezes, em nosso coração hoje porque as coisas do mundo não nos deixam entender o que Jesus quer de nós e para nós. Para muitas pessoas, as palavras de Jesus são duras, difíceis de serem transformadas em atitudes e experimentadas na vida.

Leia o texto que está no livro dos crismados. Questione:

- *Perto de Jesus, com Ele, somos filhos amados do Pai; longe dele, o que somos?*

Comente que quando entendemos o plano de amor que Jesus nos apresenta, entendemos, também, que nossa vida deve ser um trabalho pelo Reino de Deus (retome aqui algumas ideias dos encontros anteriores sobre proposta de Deus, realidade da vida, sonhos e, também, o conceito de trabalho apresentado no início desse tema).

Jesus tem palavras de vida eterna!

Para ajudar o grupo a entender o sentido da expressão "palavras de vida eterna" como aquilo que Jesus traz à nossa vida, isto é, ânimo, sentido, disponibilidade, fale sobre a busca pela imortalidade. Converse com o grupo lembrando que a imortalidade (do corpo e da alma) é o sonho do ser humano. Na mitologia, nas lendas antigas, na literatura, no cinema, há vários exemplos dessa vontade de viver eternamente. Pela ciência ou pela religião, o homem sempre procurou encontrar a imortalidade. Mas o verdadeiro sentido da vida eterna vai muito além do que as artes, a razão ou a fé tentam alcançar.

O Papa Emérito Bento XVI afirmou que "a vida eterna não significa uma vida que vem depois da morte, mas uma realidade que já pode ser vivida neste tempo e que a morte física não pode interromper"[3]. Essa realidade só acontece a partir de experiências de profunda intimidade e encontro com o amor de Deus.

Jesus afirma que a vida eterna é conhecer o único Deus verdadeiro e aquele que foi por Ele enviado (cf. Jo 17, 3). O que é conhecer? Conhecer vai além de compreender, entender. Significa, também, relacionar-se, experimentar profundamente. Então, quando o conhecimento é experimentado, torna-se parte da pessoa, transforma-se na própria essência do ser. Conhecer Deus é reconhecer que Ele é a única e verdadeira fonte de tudo.

Leia com o grupo e converse sobre a afirmação do Papa Emérito Bento XVI, destacando que o que nos faz cristãos é o encontro com Jesus, aquele que tem palavras de vida eterna, é segui-lo e caminhar na vida como Ele ensinou, é assumir o trabalho na construção do Reino.

Cristão é quem tem uma relação de amor com Jesus

Depois da leitura do texto que está no livro do crismado, comente que quem tem uma relação de amor com Jesus aprende com seus ensinamentos e atitudes e aceita trabalhar pelo Reino do Pai. E trabalhar pelo Reino é levar Deus às realidades em que vivemos.

Questione e ajude a compreensão das expressões "estar a serviço de Deus", "deixar-se servir por Deus", "deixar que Deus se sirva de nós para servir outros".

Palavras de vida eterna

Para preparar a realização dessa atividade, recorde brevemente o sentido de "Palavras de vida eterna". Os crismados deverão apresentar uma dramatização que expresse esse sentido.

---

[3] RATZINGER, J. Jesus de Nazaré II – da entrada em Jerusalém até à Ressurreição. São Paulo: Paulinas, 2011.

Forme três grupos que irão apresentar uma cena muda com o tema "Palavras de vida eterna", para três públicos distintos: pais, crianças e adolescentes; os grupos podem utilizar uma passagem bíblica, representar um fato da comunidade ou, ainda, criar uma situação.

Oriente quanto à realização: é preciso definir um roteiro, caracterizar os personagens, ensaiar, escolher uma trilha sonora.

Na sequência, faça uma partilha dessa experiência – realização e compreensão.

Para Meditar

Sl 39(40) – o trabalho pelo Reino de Deus.

Oração da semana

Meu Deus, ajudai-me a reconhecer que esperais uma resposta minha, que ninguém pode dar em meu lugar. Se me chamais, Senhor, quero, com a vossa graça, ser vosso instrumento em cada lugar onde eu estiver!

PARA NÃO ESQUECER

- Cuide para que a proclamação da Palavra seja feita com simplicidade e muito respeito.
- Com uma breve reflexão e alguns questionamentos ajude o grupo a compreender a Palavra proclamada.
- Oriente os grupos quanto à elaboração do roteiro, escolha da trilha sonora, caracterização dos personagens, duração da cena (p. ex., máximo 5 minutos)
- Incentive os crismados para que criem o hábito da leitura diária da Palavra de Deus, sozinhos ou com os familiares. Incentive, também, a oração diária, como forma de diálogo constante com o Pai.
- Motive o grupo para expressar-se no espaço "O que vi e ouvi leva-me a dizer".
- Faça uma oração ao iniciar e para encerrar o encontro.

Celebração

AS SETE PALAVRAS DE MARIA

→ Acolhida

Animador: No mundo atual, tudo acontece com muita rapidez. Na cidade ou até mesmo no campo, o ritmo de vida é acelerado. Nas cidades, para muitas pessoas, a rotina é levantar cedo, comer depressa, enfrentar o trânsito, trabalhar ou estudar, chegar tarde em casa. Nossa casa não é mais um lugar sossegado, porque vivemos cercados de sons – TV, rádio, games, vídeos... Com tanta agitação, tanto barulho, é difícil parar, sossegar, escutar nossa voz interior. Maria, mãe de Jesus, era diferente. A virtude de Maria mais destacada nos evangelhos é o silêncio e com ela devemos aprender a arte de silenciar, que nos leva à escuta dedicada da Palavra de Deus e nos chama ao acolhimento e à vivência dessa Palavra.

Canto de acolhida

Animador: Em nome do Pai e do Filho e do Espírito Santo.

Todos: Amém.

Animador: A graça e a paz de Deus, nosso Pai, e de Jesus Cristo, nosso Senhor, estejam convosco.

Todos: Bendito seja Deus que nos reuniu no amor de Cristo!

AMBIENTE DA CELEBRAÇÃO

Prepare o ambiente para a celebração colocando, em lugar destacado, uma Bíblia (a Palavra que guia nossa vida), algumas flores (a alegria de ser cristão) e uma imagem de Nossa Senhora.

CANTOS

Defina com antecedência os cantos de acolhida e de despedida, o canto mariano, o canto de consagração a Nossa Senhora e o refrão meditativo; escolha cantos que sejam bem conhecidos em sua comunidade.

PROCLAMAÇÃO DA PALAVRA

Escolha os leitores com antecedência, para que se preparem para proclamar a Palavra de Deus.

Guarde alguns instantes de silêncio após cada leitura das passagens bíblicas para acolhimento da Palavra lida e reflexão pessoal.

Animador: Maria participou plenamente do projeto de Deus, ela é a participação da natureza humana em Jesus, como foi da vontade de Deus. Maria viveu esse mistério de amor e nos deu um exemplo: ela guardava todos os fatos e meditava sobre eles em seu coração. Os Evangelhos mostram poucas ocasiões em que Maria fala. Nossa experiência de oração hoje vai ser uma meditação sobre essas palavras de nossa mãe Maria.

Refrão meditativo

Leitor 1: "Maria perguntou ao anjo: 'Como acontecerá isso, pois não conheço homem?'" (Lc 1, 34)

Animador: O mensageiro de Deus anuncia que Maria será a Mãe do Filho de Deus, sem dúvida, a maior graça que ela poderia receber. Maria questiona, preocupada, sabedora das dificuldades que teria que enfrentar. Não duvida do poder de Deus, mas tem consciência do julgamento humano. Sua primeira atitude foi de escuta da vontade do Pai. Podemos pensar que foi fácil para Maria, afinal, um anjo disse qual era o plano de Deus para ela! E quantos anjos já passaram pela nossa vida trazendo pistas da vontade de Deus para nós? Quantos anjos terão que passar por nós para acreditarmos que Deus tenta nos fazer ver sua vontade? Maria era diferente, estava aberta à vontade de Deus. E nós, como nos comportamos diante da vontade do Pai?

Refrão meditativo

Todos: Obrigado, Senhor, porque quisestes a colaboração humana para realizar vosso projeto de amor. Obrigado porque escolhestes Maria como vossa discípula perfeita. Que sempre busquemos aprender com Maria, mãe de vosso Filho Jesus e nossa mãe, a ouvir, confiar e aceitar vosso plano para nossa vida.

CANTO (estrofe de um canto mariano)

Leitor 2: "Disse então Maria: 'Eis aqui a serva do Senhor. Aconteça comigo segundo tua palavra!'" (Lc 1, 38)

Animador: Maria compreendeu e acreditou que aquele era o plano de Deus para a sua vida. Ela deu o seu sim, de corpo e de alma, aceitando colaborar com o projeto de Amor de Deus. Dizendo "serva do Senhor", Maria reconhece-se pequena diante do Deus verdadeiro. Dizendo "faça-se em mim", ela mostra adesão, disposição, decisão por inteiro. Deus olhou para Maria e a escolheu. Ele também olha para nós e nos escolhe. Precisamos ter um coração sempre pronto a dizer o nosso sim a Deus, como fez Maria. Ela confiou totalmente. E nós?

Refrão meditativo

Todos: Perdão, Senhor, por nos fazermos cegos e surdos diante dos sinais da vossa vontade que estão diante de nós. Perdão pelas desculpas que criamos para não dar o nosso sim aos vossos planos. Concedei que, a exemplo de nossa mãe Maria, saibamos aceitar o desafio do vosso projeto para nossa vida.

CANTO (estrofe de um canto mariano)

Leitor 3: "Naqueles dias, Maria se pôs a caminho e foi apressadamente às montanhas, para uma cidade de Judá. Entrou em casa de Zacarias e saudou Isabel." (Lc 1, 39s)

Animador: Duas mães, com idades diferentes, o plano de Deus que se cumpre em duas realidades distintas. Elas se encontram e fazem desse encontro um grande hino de louvor ao Senhor. Maria diz sim à vontade de Deus e sua adesão se traduz em decisão e desejo de ajudar quem precisa. Maria vai ao encontro de Isabel, viaja por estradas difíceis, mas experimenta a alegria de poder colocar-se a serviço. Ela, a Senhora, a mãe de Deus, faz-se serva. Como nos sentimos mais confortáveis: como quem serve ou como quem deve ser servido?

Refrão meditativo

Todos: Mãe Santíssima, quando visitastes vossa prima Isabel demonstrastes alegre e corajosa caridade. Sede nossa inspiração e despertai em nós o mesmo espírito que vos levou a percorrer caminhos difíceis, para que sempre busquemos fazer o bem. Assim como fostes ao encontro de Isabel, vinde também visitar-nos e ajudar-nos a ter Jesus em nosso coração. Olhai por nós, mãezinha querida, como filhos e filhas que a vós se confiam. Ave Maria....

CANTO (estrofe de um canto mariano)

Leitor 4: "Então Maria disse: Minha alma engrandece o Senhor e rejubila meu espírito em Deus, meu Salvador, porque olhou para a humildade de sua serva. Eis que de agora em diante me chamarão feliz todas as gerações, porque o Poderoso fez para mim grandes coisas: O seu nome é santo." (Lc 1, 46-49)

Animador: Quando Maria rompe o silêncio, canta ao seu Senhor de maneira incontida, emocionada. É adoração, louvor e exaltação brotando do coração de Maria para aquele a quem ela se entregou totalmente. Por causa de sua humildade, Deus fez tudo em Maria e por meio dela. Maria engrandece o Senhor, deseja que Ele seja grande no mundo, na sua vida, em nossa vida. Maria tem o coração cheio de fé e de esperança em Deus, tem o coração agradecido ao Senhor e reconhece as maravilhas que Ele fez em favor da humanidade. E nós, agradecemos tudo o que Deus tem feito em nossas vidas?

Refrão meditativo

Todos: Virgem Santa, despertai em nós uma conversão sincera a vosso Filho Jesus e um amor incondicional a nosso Pai. Transformai-nos para sermos discípulos de vosso Filho, e não discípulos do mundo. Rogai por nós, mãe de misericórdia, intercedei por nós para alcançarmos a graça da vida eterna. Ave Maria...

CANTO (estrofe de um canto mariano)

Leitor 5: "Quando o viram, ficaram admirados e sua mãe lhe disse: 'Filho, por que agiste assim conosco? Olha, teu pai e eu, aflitos, te procurávamos.'" (Lc 2, 48)

Animador: Maria é a discípula autêntica que acredita e vive com confiança total em todos os acontecimentos, dos mais corriqueiros aos mais dolorosos e difíceis. As palavras que Maria dirige a Jesus expressam a dor e a aflição naturais de uma mãe ao não encontrar seu filho. Mas o coração imaculado de Maria, um coração onde não há qualquer dúvida em relação a Deus, tudo aceita e guarda com docilidade amorosa. O evangelista Lucas diz que Maria e José não compreenderam as palavras de Jesus. Nós, também, muitas vezes não compreendemos as palavras que Ele nos dirige. Aceitamos, com a mesma entrega de Maria?

Refrão meditativo

Todos: Mãe Maria, em vosso coração de mãe, a preocupação e o cuidado não descansavam. Em vosso coração de quem soube assumir incondicionalmente a vontade do Senhor, a confiança e a aceitação habitavam. Quantas vezes, mãe admirável, guardastes palavras que não foram entendidas, com a certeza de que estavam no plano de Deus para sua vida, para nossa vida? Ensinai-nos a ter em nós as vossas atitudes de aceitação e de confiança.

CANTO (estrofe de um canto mariano)

Leitor 6: "Tendo acabado o vinho, a mãe de Jesus lhe disse: 'Eles não têm mais vinho!' "(Jo 2, 3)

Animador: Maria vai ao encontro de Jesus. Não pede nada, apenas apresenta um fato: "eles não têm vinho". Mas sua afirmação parece um pedido carregado de confiança. Jesus fica sabendo o que está acontecendo, a necessidade é urgente. Ninguém pede a Maria que interceda junto a Jesus pelos noivos. Mas ela, compadecida, assume, por iniciativa própria, o papel de intercessora e pede ao filho o milagre. O que ela não fará quando lhe pedirmos sua intercessão? O que não fará quando lhe dissermos "Maria, rogai por nós"?

Refrão meditativo

Todos: "Mãe, se sentires que meu vinho vai acabar – e há bocas sempre mais numerosas e sempre mais sedentas a atender – pede a teu Filho que a água das minhas fontes valha vinho e desperte sede da água-viva que é Cristo." (D. Hélder Câmara)

CANTO (estrofe de um canto mariano)

Leitor 7: "Sua mãe disse aos que estavam servindo: Fazei tudo o que ele vos disser." (Jo 2, 5)

Animador: Maria faz as coisas acontecerem. Intercessora e mediadora, diz ao Filho que falta algo essencial para a festa. Aos serventes, expressando o que tem em seu coração, ela dá uma ordem: "Façam tudo o que ele lhes disser." Ela prepara seus corações e mentes para acolher Jesus. É preciso escutar Jesus, fazer o que Ele diz. Maria leva os serventes a Jesus, que aprendem a ser discípulos pondo em prática suas palavras. Esse é o papel de Maria: dar Jesus ao mundo e apresentar o mundo a Jesus. Hoje também Maria nos fala como aos serventes do casamento em Caná. E como reagimos?

Refrão meditativo

Todos: Maria, auxiliadora dos cristãos, obrigado por vossa presença em minha vida, indicando o caminho que me leva a vosso Filho Jesus.

Obrigado por vosso cuidado de mãe, que nunca abandona seus filhos. Sou vosso, mãezinha querida. Confiante, consagro-me inteiramente à vossa proteção.

CANTO: Consagração a Nossa Senhora

Animador: Pela intercessão de nossa mãe Maria, a bênção de Deus Todo-poderoso Pai e Filho e Espírito Santo desça sobre todos nós e permaneça para sempre.

Todos: Amém.

CANTO FINAL (canto mariano)

6

PASSEMOS PARA A OUTRA MARGEM!

Confiar sempre

Motive os crismados para que contem situações difíceis que eles, suas famílias ou pessoas conhecidas (ou outras divulgadas na mídia) enfrentaram. Pergunte sobre os sentimentos despertados neles diante dessas situações (mesmo que não tenham sido eles próprios que as enfrentaram).

> *O cristão confia nas vitórias, nas lutas e dificuldades, e sabe que quando a capacidade humana fracassa, Jesus intervém. Porque para Ele nada é impossível.*

Questione o que é ter confiança e como demonstramos confiança em alguém diante de situações de risco.

A partir das manifestações do grupo, proponha as questões:

↳ *Sentimos a presença de Jesus nesses momentos de "tempestade"?*

↳ *Demonstramos confiança?*

Senhor, quero dormir quieto ao teu lado...

Pergunte o que seria dormir desabrigado, sob uma forte tempestade, quais as ideias que surgem no grupo, quais os sentimentos. Pergunte o que seria necessário para que alguém, nessas condições, se sentisse seguro.

Relacione nossa confiança em Deus à capacidade de perceber seu poder e, na sequência, leia o texto do livro do crismado.

Lembre que para confiar totalmente em alguém precisamos abandonar nossos critérios e nossa necessidade de controlar os acontecimentos. Jesus disse que estaria sempre ao nosso lado, nos bons e nos maus momentos. Se formos capazes de confiar plenamente em sua Palavra, deixamos que Ele cuide da nossa vida. E quando Jesus age, Ele transforma.

Jesus Cristo, presença em todos os momentos

Motive a conversa para relacionar fé e coragem diante das dificuldades da vida. Quem tem fé confia na promessa de Jesus de estar ao nosso lado sempre. Mostre ao grupo a questão apresentada no livro e leia o texto que está na sequência.

Explique que precisamos fortalecer nossa fé para não termos medos na vida e vivermos na confiança total em Jesus. Ele sabia das nossas limitações, das nossas dificuldades e receios e, porque nos ama, deu as pistas para não fraquejarmos. Os caminhos para fortalecer a fé são a oração, a escuta e a meditação da Palavra de Deus, a vivência na comunidade eclesial e, principalmente, a Eucaristia. Lembre-se: quanto mais nos aproximamos de alguém, mais o conhecemos, maior se torna a intimidade com esse alguém, maior nossa confiança. Assim também é em relação a Jesus: oração, Palavra de Deus, comunidade, Eucaristia são presença de Jesus entre nós.

Quem é este a quem até o vento e o mar obedecem?

Proclamação da Palavra – Mc 4, 35-41

Depois da leitura do texto bíblico, faça uma breve reflexão e peça que os crismados destaquem palavras, frases ou atitudes que lhes chamaram a atenção.

Por onde Jesus passava, as pessoas perguntavam "quem é este?" Alguns perguntavam com ironia, para dizer que não era importante. Outros, com espanto, diante dos sinais que presenciavam. Para os fariseus, Jesus era um blasfemo; para os romanos, um desordeiro. Para o povo, um dos profetas. Para Pedro, Ele era o Cristo, o Filho de Deus vivo. Para a mulher adúltera, Jesus era o perdão. Para Bartimeu, a visão; para a viúva de Naim, a consolação. Para quem experimentou seu amor, Ele sempre foi o Senhor.

Convide os crismados a cantar e depois peça que procurem dizer, com uma palavra ou uma pequena frase, quem é Jesus. Cantos sugeridos: "Só em Deus" (Maria do Rosário) / Sl 61(62) / "Só em Deus" (CD Salmos. Oração do povo a caminho. Paulinas).

Motive a leitura do texto que está no livro, comente a atitude dos discípulos e questione o grupo: o medo seria sinal de que não têm fé no Mestre? Lembre que Jesus não prometeu uma vida sem problemas (sem tempestades) para quem o seguisse. Jesus prometeu força para suportar e vencer os problemas. Pela oração, com nossa fé, trazendo Jesus para o centro da nossa vida, é assim que superamos as tempestades, pois Ele vence o mal, triunfa sobre a morte, nos devolve a confiança, a coragem e nos fortalece com sua presença.

Diante do gesto de Jesus, que acalma o mar, os discípulos se indagam "Quem é esse homem a quem até o mar e o vento obedecem?", porque começavam a ver, naquele que domina a natureza, o Senhor. Os discípulos tinham uma grande convivência com Jesus e, mesmo assim, não sabiam muito bem quem era Ele. Eles se questionavam quem era Jesus e também nós, hoje, muitas vezes nos perguntamos o mesmo, porque queremos entender melhor o que Jesus significa para a nossa vida.

Fé e medo não andam juntos!

Proponha ao grupo uma situação: uma pessoa, na margem de um grande lago, sob uma forte tempestade. Alguns barcos estão disponíveis para a travessia até à outra margem, embora alguns pareçam muito frágeis e pouco preparados para isso, e nem todos tenham quem os possa manobrar. Pergunte quais as hipóteses que essa pessoa tem. Deixe que o grupo apresente suas ideias, mas procure colocá-las em uma das seguintes situações: ficar na margem para não correr riscos; entrar em qualquer barco, mesmo sem ter certeza se ele é adequado para a travessia; escolher um barco e sozinho iniciar a travessia do lago.

A partir dessa situação, apresente nossa vida como o lago a ser atravessado. Comente sobre as hipóteses mencionadas pelo grupo e questione o que seria "criar tempestades". Mostre que a confiança em Jesus deve estar na base das nossas decisões nos momentos difíceis.

Questione o grupo:

- O que pensam sobre ficar na margem?

A partir das respostas apresentadas, mostre que fé e medo não combinam, porque sem correr riscos não colocamos os dons que recebemos de Deus em favor de seu projeto.

A fé é uma experiência de amor

Depois da leitura do texto do livro do crismado, reforce a ideia: ter fé é fazer uma experiência pessoal de amor. Jesus questiona o medo dos discípulos para questionar sua fé. Ele nos chama a olhar para o nosso coração e para os nossos medos, para que possamos nos aquietar, mesmo em meio a uma tempestade, e dormir tranquilos junto dele.

Sessão "O nosso olhar"

A proposta de atividade é utilizar um filme para explorar nossas atitudes diante de situações difíceis. Na discussão após a exibição do filme, procure abordar aspectos como esperança, superação das dificuldades, motivação.

Filmes sugeridos: Quem quer ser um milionário?/A lenda dos guardiões/O labirinto de Fauno.

Para Meditar

Sl 118(119) – nossa intimidade com Deus.

Sl 26(27) – esperança e confiança no Senhor.

Oração da semana

Jesus, eu te entrego as minhas ansiedades e dificuldades, quero descansar na certeza de que irás agir, ainda que eu não entenda. Dá-me a graça de perceber tua presença ao meu lado, sustentando-me, conduzindo-me e inspirando meu agir. Amém.

PARA NÃO ESQUECER

- Utilize as músicas "É preciso saber viver" (Roberto Carlos) ou "Tocando em frente" (Almir Satter) para iniciar o encontro e motivar para as questões apresentadas.

- Cuide para que a proclamação da Palavra seja feita com simplicidade e muito respeito.

- Com uma breve reflexão e alguns questionamentos, ajude o grupo a compreender a Palavra proclamada.

- Sugere-se que o filme escolhido seja exibido no encontro seguinte, para permitir aprofundar o tema proposto a partir das reflexões desse encontro e das situações abordadas no filme.

- Incentive os crismados para que criem o hábito da leitura diária da Palavra de Deus, sozinhos ou com os familiares. Incentive, também, a oração diária, como forma de diálogo constante com o Pai.

- Motive o grupo para expressar-se no espaço "O que vi e ouvi leva-me a dizer".

- Faça uma oração ao iniciar e para encerrar o encontro.

7
ESCOLHO ISTO OU AQUILO?
Fazer a melhor escolha

Apresente alguns exemplos de situações em que os crismados, em seu dia a dia, são levados a fazer escolhas. Peça que o grupo aponte como as escolhas são feitas, critérios, fundamentos.

Apresente, em seguida, o crucifixo, símbolo da escolha de Jesus – aceitar a morte, e morte de cruz, para que todos os homens ganhem a vida eterna. Questione:

> *Nossa liberdade é uma vocação que recebemos de Deus e deve ser usada para fazer o bem e sua vontade – "boa, perfeita e agradável" (Rm 12, 2), porque as nossas escolhas definem nossa vida e nos afastam ou nos aproximam de Deus.*

↳ Sabemos usar nossa liberdade?

↳ Em que baseamos nossas escolhas?

Deus nos criou à sua imagem e semelhança

Converse com o grupo sobre a criação, conforme as Escrituras Sagradas (Gn 1). Lembre o grupo que, dentre todas as criaturas, somente os seres humanos foram criados à imagem e semelhança de Deus (cf. Gn 1, 27) e, como Ele, têm a liberdade de escolha, a habilidade de pensar, avaliar e tomar decisões. Comente como isso é importante, porque em toda a nossa vida, constantemente, devemos tomar decisões e é importante fazer as melhores escolhas.

Oriente, em seguida, para a leitura do texto do livro dos crismados, destacando o significado de escolher.

Jesus Cristo, fundamento de nossas escolhas

Depois da leitura do texto do livro dos crismados, recorde o significado de discípulo – aquele que segue os passos do Mestre. Peça que procurem lembrar situações em que Jesus foi a razão da escolha dos seus discípulos – Mt 4, 18-22; Mt 9, 9; Lc 5, 1-7; Lc 10, 17-20 – e reforce para o grupo que Jesus é o exemplo a ser imitado quando temos que fazer escolhas e, especialmente, quando temos que lutar contra as tentações.

As tentações de Jesus são as nossas tentações

Proclamação da Palavra – Mt 4, 1-11

Com algumas questões, conduza uma partilha sobre o entendimento do texto bíblico. Depois convide para a leitura do texto do livro dos crismados. Questione o grupo:

- Quando substituímos Deus por pessoas ou situações ou até mesmo por coisas?
- O que nos move a fazer isso, o que pensamos que virá em nosso bem?

Apresente as tentações como oportunidade para nos tornarmos mais parecidos com Jesus. Lembre que, assim como Jesus sentia o amor do Pai e não vacilou, nós também podemos ter essa mesma experiência.

Qual a tua escolha, Jesus?

Leia, com o grupo, o primeiro parágrafo do livro dos crismados e complete dizendo que, para Jesus, a cada momento Ele fazia o que o Pai lhe mostrava para fazer (cf. Jo 5, 19.30). Esse é o exemplo que Ele nos dá para nos ajudar em nossas escolhas: a oração frequente, diálogo com Deus.

Pergunte ao grupo: Como saber o que fazer? Como saber se nossa escolha coincide com a escolha que Jesus faria? Depois de algumas respostas, apresente as três questões do livro, referentes ao que devemos fazer diante de escolhas difíceis e que nos fazem pensar sobre qual seria a escolha de Jesus para, assim, imitá-lo:

- *O que Jesus fez em situações semelhantes?*
- *O que Jesus disse sobre esse assunto?*
- *O que Jesus quis que fosse ensinado sobre esse assunto?*

Converse com o grupo sobre essas questões, fazendo com que os crismados compreendam o sentido de cada uma delas e sua aplicação no nosso dia a dia.

Vem comigo, Senhor!

Volte aos exemplos de escolhas que foram mencionados no início deste encontro. Lembre que a todo instante, todos os dias, precisamos decidir nossas escolhas e, em alguns momentos da vida, essas escolhas são muito importantes porque determinam o rumo da nossa vida.

Em seguida, peça que leiam o texto do livro dos crismados. Reforce a ideia de que, se somos discípulos verdadeiros de Jesus, como Ele confiamos que o Pai sabe o que é melhor para nós. E deixamos que Deus participe das nossas decisões por meio da oração, que nos desperta para a sua vontade. Lembre o sentido do pedido que fazemos na oração do Pai Nosso – "venha a nós o vosso reino, seja feita a vossa vontade..." – colocamo-nos diante do Pai pedindo que entre nós se cumpra a sua vontade, aceitamos fazer a sua vontade. E Deus tem para nós uma promessa segura: "Eu te farei sábio, eu te indicarei o caminho a seguir; com os olhos sobre ti, te darei conselhos." (Sl 31 (32), 8).

Sessão "O nosso olhar"

A atividade tem por base utilizar um filme para aprofundar o tema das escolhas. Na discussão após a exibição do filme, procure abordar as escolhas que fazemos em determinadas situações da vida, suas consequências e nossas responsabilidades, bem como o que pode resultar quando a escolha é baseada no benefício próprio.

Filmes sugeridos: Corra, Lola, corra/Homem de Família/A lista de Schindler/Feitiço do tempo.

Para Meditar

Fl 4, 6 – a confiança em Deus.

Oração da semana

Vinde em meu auxílio, Espírito Santo, para que minhas escolhas nunca me levem à submissão ou à escravidão. Ensinai-me a dar mais valor à minha liberdade e a usar essa liberdade para construir vida em abundância para mim e para os irmãos. Amém.

PARA NÃO ESQUECER

- No local do encontro, coloque a Bíblia em destaque e um crucifixo, símbolo da escolha de Cristo.

- Inicie o encontro com a música "Aquarela" (Toquinho) e, a partir dela, coloque o tema da escolha.

- Cuide para que a proclamação da Palavra seja feita com simplicidade e muito respeito.

- Com uma breve reflexão e alguns questionamentos, ajude o grupo a compreender a Palavra proclamada.

- Sugere-se que o filme escolhido seja exibido no encontro seguinte, para permitir aprofundar o tema proposto a partir das reflexões desse encontro e das situações abordadas no filme.

- Incentive os crismados para que criem o hábito da leitura diária da Palavra de Deus, sozinhos ou com os familiares. Incentive, também, a oração diária, como forma de diálogo constante com o Pai.

- Motive o grupo para expressar-se no espaço "O que vi e ouvi leva-me a dizer".

- Faça uma oração ao iniciar e para encerrar o encontro.

8

EU, ELE, VOCÊ, NÓS

Não somos sozinhos!

Convide alguns crismados e peça que eles descrevam outros participantes do grupo, orientando para que não se limitem a aspectos físicos. A partir dessa rápida dinâmica, comente que somos únicos, especiais, diferentes uns dos outros e, especialmente, insubstituíveis.

Questione o grupo:

> *No mundo, não somos sozinhos. Nossa história é construída como uma grande teia de relações que nos ajudam a crescer como pessoas. Somos feitos para o encontro, o diálogo e para amar, porque somos imagem e semelhança de Deus.*

↳ Como nos portamos diante do outro?

↳ Como construímos nossa rede de relações no mundo real?

Deus nos criou para a vida em comunidade

Comece perguntando ao grupo o que lembram do Batismo de Jesus, espere que digam o que recordam e destaque a presença do Pai, do Filho e do Espírito Santo (Mt 3, 16s). Leia, em seguida, com o grupo, o início do texto do livro dos crismados. Comente que Deus, que nos criou, quer para nós uma vida em comunidade.

Lembre ao grupo que em toda a história da humanidade Deus procura relacionar-se com os homens de diferentes maneiras. Quais foram essas maneiras? Quais as maneiras que Deus utiliza hoje para relacionar-se conosco?

Antes de prosseguir com a leitura do livro, questione o grupo sobre alguém que escolhe uma vida totalmente isolada:

- O que pensam sobre isso?
- O que, em nossa vida, pode ser mais importante do que os nossos relacionamentos?
- Comente que nada é mais importante do que as pessoas, porque sem elas não existem relacionamentos.

Jesus Cristo, uma vida em comunidade

Coloque em discussão o conceito de comunidade, como a forma de viver junto, estabelecendo relações de troca, necessárias para o ser humano, de uma maneira íntima e marcada por contatos primários. As pessoas em uma comunidade têm consciência de que compartilham uma certa unidade e de que podem atuar juntos em busca de um objetivo.[4] Pergunte ao grupo como eles entendem esse conceito e onde identificam uma comunidade.

Converse, conforme está no livro dos crismados, lembrando alguns fatos da vida de Jesus: Ele sempre viveu uma experiência comunitária, do nascimento ao fim de sua vida terrena. Jesus quis, também para nós, uma vida em comunidade.

Jesus, um homem de muitas relaçãoes

Proclamação da Palavra – Lc 19, 1-7

Após a leitura do texto bíblico, faça uma pequena reflexão sobre o encontro de Zaqueu com Jesus. Em seguida, encaminhe a leitura do primeiro parágrafo do texto que está no livro dos crismados, comentando que podemos olhar todo o Evangelho de Jesus como uma proposta de relacionamentos, de assumir o outro como irmão.

---

[4] QUE CONCEITO. Conceito de comunidade. Disponível em: <http://queconceito.com.br/comunidade>. Acesso em 10 de nov. de 2014.

Pergunte quais encontros com Jesus são lembrados pelo grupo – mulher samaritana, mulher pecadora, cego de nascença, mulher com hemorragia, jovem rico. Mostre que são pessoas bem diferentes, que encontram Jesus em situações diversas.

Oriente a continuar a leitura do texto do livro, comentando que Jesus envolveu-se diretamente com o povo, mas teve uma convivência bem mais intensa com o grupo dos doze apóstolos.

Lembre que os cobradores de impostos eram pessoas desprezadas pelos judeus. Mas Jesus toma a iniciativa de ir à casa de Zaqueu.

A partir do texto bíblico, conforme o livro dos crismados, questione sobre as consequências da visita de Jesus a Zaqueu: sentindo-se amado, ele é transformado, e compreende que todas as pessoas devem ser amadas e tratadas como iguais a nós. E quais as consequências para nossa vida do encontro com outras pessoas? E as consequências do nosso encontro com Jesus?

Viver é criar relações

Motive o grupo a expressar o que entende por relações pessoais em seus diferentes níveis.

Peça que leiam o texto do livro e destaque a importância das nossas relações no âmbito pessoal e comunitário.

Utilize alguns exemplos para comentar a dinâmica das relações entre irmãos, pais e filhos, namorados, amigos, patrão e empregado. Mostre que, nessa dinâmica, o outro é sempre parte de nossa vida e nossa vida é sempre parte do outro. Só mesmo Deus para fazer algo assim!

Precisamos e dependemos uns dos outros

Faça essa colocação conforme o texto do livro dos crismados e peça que o grupo se manifeste. Hoje, muitas vezes, somos pessoas desconfiadas, fechadas em nós mesmas, indiferentes e insensíveis, duras no convívio com os outros. Questione:

- Que consequências esse comportamento traz para nossa vida?
- E para a vida dos outros?

Lembre a atitude de Jesus em relação às pessoas, que deve ser a nossa atitude: é preciso querer bem às pessoas que nos cercam e agir em seu favor, aceitando, ajudando, encorajando e compreendendo cada uma delas (ver 1Cor 13,4).

Eu e os outros

Forme grupos que irão refletir sobre atitudes positivas e negativas nos nossos relacionamentos. Cada grupo deve escolher um fato real, bem próximo à vida de todos, e construir um sociodrama – drama ou comédia. Deixe claro qual a duração do sociodrama.

Oriente os grupos quanto à história a ser apresentada, à sequência das cenas, à caracterização dos personagens; é preciso ensaiar, preparar o cenário, escolher uma trilha sonora.

Na apresentação do sociodrama, os espectadores devem participar, dialogando com os personagens, analisando a história e levantando propostas para mudar a situação. Ao final das apresentações, promova uma partilha sobre a experiência feita e os sentimentos despertados.

Para Meditar

Sl 132(133) – a comunhão com os irmãos.

Oração da semana

São tantas as pessoas que colocais em meu caminho, Senhor! Como fez vosso Filho Jesus, quero acolhê-las com amor. Fazei-me capaz de reconhecer, em cada uma dessas pessoas, um irmão e vossa presença em minha vida. Assim seja!

PARA NÃO ESQUECER

- Cuide para que a proclamação da Palavra seja feita com simplicidade e muito respeito.

- Com uma breve reflexão e alguns questionamentos, ajude o grupo a compreender a Palavra proclamada.

- Sugere-se que a apresentação dos sociodramas aconteça no encontro seguinte, para que os crismados possam escolher suas histórias e prepararem-se para apresentá-las.

- Incentive os crismados para que criem o hábito da leitura diária da Palavra de Deus, sozinhos ou com os familiares. Incentive, também, a oração diária, como forma de diálogo constante com o Pai.

- Motive o grupo para expressar-se no espaço "O que vi e ouvi leva-me a dizer".

- Faça uma oração ao iniciar e para encerrar o encontro.

- Durante a semana, convide aqueles que irão participar da mesa redonda no próximo encontro.

9 — DÁ PARA FAZER UM MUNDO DIFERENTE?

Construindo um mundo novo

Apresente ao grupo as imagens que mostram situações contrastantes. Motive para que se manifestem quanto a essas situações. Se quiser, leia Gn 1, 31 e comente sobre o projeto de Deus, a morte de Jesus na cruz e a realidade hoje, muitas vezes existente.

Questione:

Não nos conformarmos com esse mundo: esse é o melhor presente que podemos oferecer a Deus! Trabalhando para construir um mundo novo, fazendo em todos os momentos a sua vontade, nossa vida será sinal de amor e de transformação!

- O que aconteceu? Podemos sonhar com um mundo diferente desse onde hoje vivemos?
- Temos esperança em um mundo melhor?

Deus não abre mão do seu projeto

Antes da leitura do texto do livro dos crismados, lembre o grupo o significado do Reino de Deus, discutido em encontro anterior e, também, o compromisso do discípulo de Jesus com o trabalho pelo Reino.

Convide a ler o texto do livro, destacando que Deus não desiste do seu grande projeto, que é o seu Reino e, assim, continua a chamar todas as pessoas para que se comprometam com a construção de uma sociedade mais humana e mais fraterna.

Jesus assumiu como grande tarefa anunciar o Reino de Deus, mostrando que o seu projeto para nós, seus filhos, é possível. Volte a essa afirmação e questione como os crismados entendem essa "possibilidade" do Reino entre nós. Lembre que Jesus buscou, em todos os momentos, trabalhar pelo projeto do Pai.

Questione:

- O que Jesus fez pelo projeto de Deus?
- E nós, o que podemos fazer pelo projeto de Deus?

Jesus Cristo, um homem apaixonado pela causa do Reino

Questione o grupo: A missão de Jesus é, agora, a nossa missão. O que isso significa em nossa vida diária?

Peça que leiam e depois comentem o texto do livro dos crismados. Reforce que somos chamados a ir ao encontro do outro e atendê-lo em suas necessidades, quaisquer que sejam elas.

Pergunte como cada um se sente em relação a esse compromisso com o outro, o quanto está disposto a se voltar ao outro para atendê-lo. E, também, o quanto espera ser atendido em suas próprias necessidades ao longo da vida.

Questione:

- O que nos impede de atender o outro em suas necessidades? Vontade, tempo, dinheiro, falta de simpatia pelo outro?
- O que nos diz Jesus?

Não vos conformeis com esse mundo

Proclamação da Palavra – Rm 12, 1-2

Faça uma reflexão sobre os versículos propostos, ajudando os crismados a compreender o sentido de oferecer o corpo em sacrifício vivo, santo e agradável a Deus – oferecer-se a Deus para que Ele realize seus propósitos. São Paulo nos exorta a fazer isso como verdadeiro culto, isto é, expressão de adoração, de honra, de louvor ao nosso Deus.

Questione o sentido de ter a mesma forma do mundo (estar conformado ao mundo). Aceitar tudo o que o mundo quer nos impor é ter a sua forma? Como isso se reflete em nossas atitudes diárias?

Leiam juntos o texto do livro dos crismados. Recorde com o grupo o que é ser discípulo, quais as atitudes do discípulo. Como discípulos de Jesus, devemos nos deixar transformar, cada vez mais, à forma de Cristo (cf. Gl 4, 19). Se nos deixarmos transformar assim, já não podemos simplesmente aceitar tudo o que o mundo apresenta e que contraria a vontade de Deus.

Seguir Jesus é ter as suas atitudes

Na sequência à leitura do texto do livro dos crismados, pergunte: como podemos assumir, na realidade do nosso dia a dia, a missão de Jesus? O que significa, concretamente, anunciar e denunciar com a nossa vida? O que é testemunhar a graça que Deus nos dá, para que o mundo veja quem é nosso Mestre? Pode trazer à discussão algumas situações concretas recentes da comunidade, que sejam do conhecimento do grupo, indagando: qual a situação, o que foi feito, o que poderia ter sido feito, quais as consequências, qual o envolvimento da comunidade.

É preciso ser diferente

Peça para ler o texto do livro e depois questione: o que faz quem não está conformado com uma determinada situação? Que atitudes demonstram seu inconformismo?

A partir das respostas do grupo a essas questões, ajude-os a compreender que não se conformar é agir para mudar. Ou então, tudo permanece como está.

O discípulo de Jesus, seguindo seu Mestre, precisa ser diferente, precisa fazer a diferença!

Depende de nós!

Como atividade para esse tema, é proposta uma mesa redonda abordando alguns pontos importantes: acabar com a fome e a miséria, educação básica de qualidade para todos, igualdade entre sexos e valorização da mulher, reduzir a mortalidade infantil e melhorar a saúde das gestantes, combater a AIDS, a malária e outras doenças, qualidade de vida e respeito ao meio ambiente, todos trabalhando pelo desenvolvimento[5].

---

[5] OITO JEITOS DE MUDAR O MUNDO. O voluntariado e os objetivos de desenvolvimento da ONU. **Os objetivos do milênio.** Disponível em: <http://www.objetivosdomilenio.org.br/>. Acesso em 6 de nov. de 2014.

Convide alguns crismados e, também, pessoas da comunidade (pai, mãe, catequista, jovem engajado na comunidade, agente de pastoral, médico, professor).

Para iniciar a mesa redonda, deixe claro o tempo que cada participante terá para expor suas ideias e, também, o tempo para perguntas ao final das exposições.

Todo o debate (exposição e perguntas) deve ser conduzido por um moderador, escolhido pelo grupo. Um crismado deve ser responsável por elaborar a síntese do debate.

Para Meditar

Mt 5, 13-16 – o ser cristão.

Oração da semana

Senhor Jesus, derrama sobre mim o teu Espírito de amor para que eu seja capaz de viver, com minhas palavras e ações, aquilo que tu nos ensinaste. Que eu saiba ser sal e luz, construindo um mundo novo, casa de irmãos. Assim seja!

PARA NÃO ESQUECER

- Prepare o local para o encontro colocando a Bíblia em destaque. Junto à Bíblia, coloque algumas flores, um crucifixo e algumas imagens de situações contrastantes (miséria, riqueza; guerra, paz; violência, fraternidade...).

- Cuide para que a proclamação da Palavra seja feita com simplicidade e muito respeito.

- Com uma breve reflexão e alguns questionamentos, ajude o grupo a compreender a Palavra proclamada.

- Incentive os crismados para que criem o hábito da leitura diária da Palavra de Deus, sozinhos ou com os familiares. Incentive, também, a oração diária, como forma de diálogo constante com o Pai.

- Motive o grupo para expressar-se no espaço "O que vi e ouvi leva-me a dizer".

- Faça uma oração ao iniciar e para encerrar o encontro.

10
ÉS TU, JESUS?
Deus está no outro

Apresente alguns pensamentos sobre justiça e misericórdia ao grupo, deixe que reflitam em silêncio por algum tempo. Algumas sugestões:

> *Jesus é radical ao falar como deve ser nossa relação com os outros. Para Ele, o grande mandamento é amar o próximo como Ele nos amou. Jesus quer manifestar-se, em nós e por meio de nós, diante de cada irmão.*

- A justiça não consiste em ser neutro entre o certo e o errado, mas em descobrir o certo e sustentá-lo, onde quer que ele se encontre, contra o errado. (T. Roosevelt)

- Ser bom é fácil, difícil é ser justo. (Victor Hugo)

- Se ages com injustiça e eu te deixo agir, então a injustiça é minha. (Mahatma Gandhi)

- Quem critica a injustiça o faz não porque teme cometer ações injustas, mas porque teme sofrê-las. (Platão)

- Misericórdia nada mais é do que colocar nosso coração sobre as misérias das pessoas e proporcionar encontros transformadores. (autor desconhecido)

Pode, ainda, apresentar algumas situações comuns, nas quais nosso olhar é diferente (e, portanto, nossa justiça e nossa misericórdia) conforme a quem é dirigido. Alguns exemplos:

- Políticos são corruptos e roubam dinheiro do povo/Não há problema eu pegar algumas coisas do trabalho para levar para casa, não fará falta.

- O Fulano foi nomeado para esse cargo, mas não tem competência para isso/Meu filho não entende nada dessa área, mas vou insistir com meu chefe para contratá-lo, é pouco trabalho e ganha bem.

- Fulano nem desligou o celular hoje na Missa!/Vou ficar junto à porta da Igreja porque quero ver meu amigo entrar para combinarmos um cineminha.

Em seguida, leia o texto do livro com os crismados e questione:

- *O que é justiça?*
- *O que é misericórdia?*

Amar a Deus e ao próximo, o sentido da vida cristã

Leia e comente o texto que está no livro dos crismados, incluindo, para a discussão, os aspectos nele mencionados – obrigações religiosas, grandes discursos ou sentimentalismos, amor a Deus e amor ao outro. Peça que o grupo pense sobre tais aspectos à luz do que expressaram inicialmente.

Lembre que, como discípulos de Jesus, devemos assumir em nossa vida a missão do Mestre. Portanto, anunciar o amor de Deus por todos, em todos os lugares e situações, essa é a nossa missão, porque assim Jesus fazia.

Coloque na conversa a questão da gratuidade naquilo que fazemos: a alegria de trabalhar para o bem do próximo, para a construção do Reino do Senhor, essa é força que move o discípulo.

Jesus Cristo, o Mestre do Amor

Questione o grupo sobre os sentimentos que temos por quem nos prejudicou ou ofendeu e por aqueles com quem nos sentimos bem.

Em seguida, leia o texto do livro com os crismados e pergunte ao grupo quais exemplos podem dar sobre o amor de Jesus: a quem Ele demonstrava amar? Como Ele demonstrava esse amor?

Mostre que Jesus é nosso Mestre também do amor, porque amou a todos, sem distinção. Amou aqueles que queriam matá-lo e aqueles que o seguiam. E é exatamente esse amor que Ele nos pede: amar cada pessoa com o amor que Ele nos ensinou.

Jesus, presença em cada irmão

Proclamação da Palavra – Mt 25, 34-40

Apresente algumas questões ao grupo para ajudar a reflexão e a compreensão do texto bíblico. Sugestões:

- No momento em que se decide o destino definitivo de cada pessoa, o que tem maior importância: as crenças de cada um e suas práticas religiosas ou suas atitudes na relação com o outro?
- Jesus apresenta seis situações de necessidade ou angústia: fome, sede, solidão, ser estrangeiro, nudez, prisão. Como nós – e a sociedade – reagimos diante dessas situações?
- Os pobres que encontramos têm o rosto de Cristo? Aqueles que pedem nossa ajuda, em diversas situações, são Cristo para nós?

Oriente a leitura e comente o texto do livro dos crismados. Destaque que Jesus convida e nos desafia a agir, e esse será o critério que irá distinguir todos os seres humanos: aquilo que fazemos aos mais pequeninos, aos necessitados.

Fale sobre o agir cristão reconhecendo Jesus em cada pessoa. Lembre que o discipulado implica ter as atitudes do Mestre – nesse contexto, sua misericórdia e seu acolhimento para com todos, garantindo a esperança e a dignidade de filhos de Deus a todos.

O que fazemos, é a Jesus que o fazemos!

Questione os crismados: Quais os sentimentos despertados diante de um recém-nascido e de alguém com idade bem avançada; de alguém muito pobre e de uma pessoa muito rica; de um criminoso e de uma pessoa muito boa? Peça que identifiquem situações nas quais acolhem, de maneiras diferentes, uma pessoa. O que os leva a agir assim?

Em seguida, leia o texto do livro com os crismados e comente que somos todos filhos do mesmo Pai e merecemos ser tratados como presença de Jesus entre nós. Por isso, tudo o que fazemos a uma pessoa fazemos, de fato, a Jesus – as boas e as más ações.

Mais do que palavras, é preciso ter ações

Converse com o grupo sobre ações e gestos concretos de Jesus diante das dores do povo – cura, expulsão de demônios, alimentar, reintegrar na comunidade. Comente que ser discípulo de Jesus implica em ter, como Ele, ações concretas.

Leia o texto do livro com os crismados e pergunte: como nosso grupo pode ter um gesto concreto de fraternidade e apoio a quem precisa de algum auxílio?

Sugestão como motivação para a atividade proposta: "Jesus é verbo, não substantivo".[6]

Jesus é verbo, não substantivo

Oriente o grupo para organizar um mutirão da solidariedade. Primeiramente, converse sobre as etapas para realizar o mutirão e algumas ações que poderão fazer para ajudar pessoas necessitadas.

Registre sugestões de ações que possam ser feitas e lembre que cada crismado irá assumir uma tarefa com a qual mais se identifica.

Defina com o grupo os passos necessários para realizar o mutirão, uma data para sua conclusão e outra data para avaliação e partilha no grupo.

Algumas sugestões de ações (priorize as ações sugeridas pelo grupo): verificar as necessidades mais urgentes de algumas famílias, escrever mensagens de acolhimento e de esperança às pessoas recém-chegadas à comunidade ou que estão desanimadas, fazer visitas às famílias que passam por algum problema, conseguir doações (alimentos, roupas, calçados, brinquedos, produtos de higiene pessoal), buscar encaminhamentos para solucionar problemas mais urgentes.

---

[6] http://youtu.be/fp7vX6KK8c0; http://youtu.be/WvktwSY7cgw

Para Meditar

Lc 10, 25-37 – o amor ao próximo.

Oração da semana

Senhor Jesus, tu nos mostraste o caminho do amor incondicional aos irmãos. Ensina-me a olhar para os outros e neles ver a ti. Que eu tenha coragem de enxergar as necessidades daqueles que estão à minha volta e ajudá-los a sentir o teu amor. Amém.

PARA NÃO ESQUECER

- Prepare cartazes com algumas frases sobre justiça e misericórdia, que serão utilizadas na motivação para o encontro.
- Cuide para que a proclamação da Palavra seja feita com simplicidade e muito respeito.
- Com uma breve reflexão e alguns questionamentos, ajude o grupo a compreender a Palavra proclamada.
- Incentive os crismados para que criem o hábito da leitura diária da Palavra de Deus, sozinhos ou com os familiares. Incentive, também, a oração diária, como forma de diálogo constante com o Pai.
- Motive o grupo para expressar-se no espaço "O que vi e ouvi leva-me a dizer".
- Faça uma oração ao iniciar e para encerrar o encontro.
- Defina quando o grupo irá fazer a avaliação e a partilha sobre o mutirão da solidariedade.

11

IGREJA, PARA QUÊ?
Ação e missão para os homens e o mundo

Para apresentar o tema do encontro, lembre, primeiramente, que Deus nos quer a todos como filhos, participando juntos de sua vida divina.

Questione:

> ↳ O que a Igreja tem a ver com isso?

A Igreja continua a missão de Jesus no mundo, defendendo a vida em todas as suas dimensões. Muito além do ritual, a Igreja busca anunciar a mensagem cristã e promover uma sociedade humana e fraterna, para que o mundo torne-se, desde já, Reino de Deus.

A partir das manifestações do grupo, lembre que a Igreja é a reunião de todos os que são chamados por Deus e aceitam esse chamado. Comente que a Igreja continua no mundo a missão de Jesus, guiada por sua Palavra, segundo seus ensinamentos. Ela é, muitas vezes, criticada e perseguida, como Jesus, mas leva adiante a missão recebida do próprio Jesus com alegria.

Qual a ideia dos crismados sobre essas questões:

> ↳ Por que participar da Igreja?
> ↳ O que é participar da Igreja?

Deus nos chama a fazer parte de sua família

Leia com o grupo a primeira parte do texto do livro dos crismados. Converse com o grupo, colocando que, como filhos de Deus, não podemos ignorar que somos irmãos uns dos outros. E como irmãos, formamos uma família. A Igreja é essa família de Deus.

Comente que, como família, a Igreja olha para cada pessoa em sua totalidade – é muito mais do que ver alguém na celebração dominical. Motive a leitura da segunda parte do texto que está no livro dos crismados, reforçando a ideia de que a evangelização e a ação social são tarefas nossas, porque nós somos a Igreja.

Questione o grupo sobre esse cuidado da Igreja com as pessoas. Aproveite para reformular ideias distorcidas sobre o que é a Igreja e seu papel no mundo.

Jesus Cristo, homem de palavra e de ação

Lembre que Jesus, em sua vida terrena, ensinava, insistentemente, o projeto do Pai e agia, constantemente, concretizando esse projeto. Peça que leiam, na sequência, o texto do livro dos crismados e mostre que a dupla missão da Igreja nasce exatamente de Jesus, de suas palavras e de suas ações em favor dos homens.

Ai de mim, se não evangelizar

Proclamação da Palavra – Mc 16, 14-20

Em seguida a uma reflexão sobre o texto bíblico proposto, faça com o grupo a leitura do texto do livro dos crismados.

Pergunte o que o grupo conhece sobre a ação evangelizadora do apóstolo Paulo, apresente algumas passagens da sua vida.

"Ai de mim, se eu não anunciar o evangelho" (1Cor 9, 16c). Questione o grupo sobre o sentido dessa exclamação do apóstolo. Conduza uma reflexão para mostrar que cada pessoa, amada por Deus, seguidora de Jesus, é chamada a colocar-se a serviço do outro, ao trabalho pelo Reino, para que o mundo torne-se mais próximo daquele proposto por Jesus.

Converse sobre as ações da Igreja, afirmando que todas as pastorais são fundamentadas na missão de Jesus, o Bom Pastor (por isso a denominação "Pastoral"), e têm por objetivo o Reino de Deus entre nós. Todas as pastorais são instrumentos que a Igreja dispõe para influenciar o mundo, e têm por objetivo concretizar a mensagem do Evangelho nas estruturas sociais e no testemunho constante. Dá para entender porque são tão importantes!

Ir pelo mundo anunciar a Boa Nova

Depois de terem lido o texto do livro dos crismados, reforce: Jesus enviou a todos para anunciar seu Evangelho. É tarefa de todo cristão, é nossa missão. Isso só pode ser entendido à luz da missão de Jesus, na qual justiça, compaixão e testemunho evangélico estão intimamente ligados.

Questione como o grupo entende a afirmação que está no livro: "Todas as necessidades humanas podem ser vistas como oportunidades para manifestar o Reino, o amor de Deus pelos homens e a compaixão cristã, em palavras e obras". Ajude os crismados a descobrirem o sentido dessa afirmação e do trabalho pastoral.

Pastoral é serviço de quem segue Jesus

Explore com o grupo as duas frases em destaque – "Ir pelo mundo anunciar a Boa Nova" e "Pastoral é serviço de quem segue Jesus" –, pergunte a relação entre elas. O trabalho pastoral é anúncio da Boa Nova? Como o grupo entende isso?

A partir da leitura do texto do livro dos crismados, destaque que é necessário e há espaço para a participação dos jovens e adolescentes no trabalho pastoral.

Jornal da Pastoral

- Oriente a preparação e a apresentação do Jornal da Pastoral.

- Forme grupos que irão pesquisar sobre o trabalho pastoral na comunidade. Cada grupo deverá pesquisar o trabalho realizado por duas pastorais, movimentos ou grupos de serviço e elaborar uma síntese. No jornal falado, as sínteses serão apresentadas como notícias, de forma criativa. É interessante, quando possível, mostrar vídeos ou fotografias sobre o trabalho pastoral, já existentes na comunidade ou feitos pelos crismados.

- É preciso escolher os apresentadores do jornal e alguns comentaristas que terão a tarefa de mostrar os ensinamentos que podemos tirar para nossa vida.

Para Meditar

1Cor 13, 1-8a – a missão da Igreja no mundo.

Oração da semana

Senhor Jesus, tu me chamas para segui-lo. Eis-me aqui! Mostra-me a parte da tua missão, que devo assumir. Tu prometeste estar sempre ao nosso lado. Quero, com a tua companhia, ir ao encontro dos irmãos para que se realizem os planos do Pai e todos tenham vida plena. Assim seja!

PARA NÃO ESQUECER

- Prepare o local do encontro colocando uma Bíblia, uma cruz, algumas flores. Ao propor o tema do encontro, associe esses elementos à caminhada da Igreja e sua ação no mundo: a Palavra de Deus é o que guia a Igreja, as flores são a alegria de anunciar o Reino e a cruz é o sofrimento pelas perseguições e pelos erros humanos.

- Cuide para que a proclamação da Palavra seja feita com simplicidade e muito respeito.

- Com uma breve reflexão e alguns questionamentos, ajude o grupo a compreender a Palavra proclamada.

- Sugere-se que a apresentação do Jornal da Pastoral aconteça no encontro seguinte, para que o grupo possa dedicar-se a conhecer as diversas frentes de trabalho da comunidade.

- Incentive os crismados para que criem o hábito da leitura diária da Palavra de Deus, sozinhos ou com os familiares. Incentive, também, a oração diária, como forma de diálogo constante com o Pai.

- Motive o grupo para expressar-se no espaço "O que vi e ouvi leva-me a dizer".

- Faça uma oração ao iniciar e para encerrar o encontro.

Celebração

NÃO TENHAM MEDO!

AMBIENTE DA CELEBRAÇÃO

Prepare o ambiente para a celebração colocando, no centro, uma mesa grande e, sobre ela, uma Bíblia. Ao lado da mesa, coloque uma grande vela, em um suporte alto (ou um foco de luz). Deixe o ambiente inicialmente na penumbra, apenas com a vela acesa e música tranquila antes do início da celebração.

Providencie um pão grande, as vestes e os objetos para os personagens.

Personagens: Jesus (veste branca comprida, às mãos um pão grande); Jeremias (roupa preta, segurando uma mala); Maria (veste azul); Pedro (roupa de pescador, com uma rede de pescar nas mãos); mulher adúltera (vestido sujo, rasgado); jovem rico (camiseta com a palavra sucesso e nas mãos um celular, um tablet, ou uma calculadora); Paulo (roupa comum, óculos escuros, espada nas mãos).

CANTOS

Alguns cantos são sugeridos, mas outros devem ser escolhidos entre aqueles bem conhecidos da comunidade.

DURANTE A CELEBRAÇÃO

O texto do narrador deve ser lido com tranquilidade, para que possa ser compreendido por todos.

Os personagens, escolhidos com antecedência, não devem ler o texto, mas dizê-lo com convicção.

Guarde um momento de silêncio após a fala de cada personagem.

PROCLAMAÇÃO DA PALAVRA

Escolha o leitor com antecedência, para que se prepare para proclamar a Palavra de Deus.

Guarde alguns instantes de silêncio após a leitura bíblica para acolhimento da Palavra lida e reflexão pessoal.

Antes de iniciar a Noite da Palavra, guardar alguns minutos de silêncio e de oração interior.

→ **Motivação**

Escolhemos como tema para essa celebração uma frase do Papa Emérito Bento XVI, em sua primeira homilia como Papa. Ele disse: "Caríssimos jovens, não tenhais medo de Cristo. Ele não tira nada, dá tudo!". Queridos jovens, que Cristo seja tudo para nós, em nós!

Canto: Um certo galileu [7]

(acender as luzes)

→ Saudação

Animador: Em nome do Pai e do Filho e do Espírito Santo.

Todos: Amém.

Animador: O Senhor, que encaminha os nossos corações para o amor de Deus e a constância de Cristo, esteja com todos vocês.

Todos: Bendito seja Deus que nos reuniu no amor de Cristo.

Animador: Rogando a Deus que, ao ouvir o chamado de Jesus, os jovens do mundo todo permaneçam com Ele, sem medo, peçamos a luz do Espírito de Deus, cantando.

Canto: Vem, Espírito Santo[8]

→ Encontros com Jesus

Animador: O Senhor vem ao nosso encontro no momento e da maneira que Ele quer. Esse encontro acontece nos lugares mais comuns, no dia a dia de cada pessoa. Porque Ele não age conforme o nosso modo de pensar, somos surpreendidos. Jesus vem, mas precisa da nossa abertura e do nosso acolhimento.

Personagem 1 (falando entre as pessoas da assembleia): Quem é esse homem que chega e caminha entre nós? Parece tão sereno, tão decidido. Carrega em suas mãos um pão, fruto da terra e do nosso trabalho. Quem é esse homem? Vejam, ele parece me indicar alguma coisa. Ele me chama! Quem é ele? O que ele quer de mim? Como soube que me encontraria aqui? É mesmo a mim que ele chama?

---

[7] KOLLING, M. et al. (orgs). *Cantos e orações* – Para a liturgia da missa, celebrações e encontros. Petrópolis: Vozes, 2007. n. 1.011.
[8] DIOCESE DE COLATINA. *Louvai o Senhor*: Hinário para diversas circunstâncias. Colatina: Gráfica Aymorés, 2000. n. 525.

(Durante a fala do personagem, entra em cena Jesus, com veste branca, segurando um pão em suas mãos. Dirige-se à mesa, no centro do ambiente, coloca o pão sobre ela e permanece perto da mesa.)

Jesus (olhando para a assembleia): Vocês, façam isto em minha memória. Sim, você, você, você também (apontando para as pessoas da assembleia). Eu quero vocês, eu os escolhi.

Personagem 2 (apenas ouve-se a voz, masculina): Disse que antes mesmo de me formar no seio de minha mãe, já me conhecia, já me havia feito profeta no mundo. Respondi que sou como criança, não sei falar. Mas não adiantou. Disse que não devo ter medo, porque está comigo para me defender. Disse que devo gritar para que o mundo ouça a sua palavra... Ah, Senhor! Tu me seduziste, eu me deixei seduzir! Já pensei em não abrir mais minha boca para falar em teu nome, mas um fogo queima dentro de mim, e não consigo calar... (cf. Jr 1, 4-6; 20, 7a.9)

(Durante a fala do personagem, entra em cena Jeremias, vestido com uma roupa preta, trazendo uma mala. Aproxima-se de Jesus, em seguida volta-se, deixa a mala junto à assembleia e senta-se entre as pessoas.)

Personagem 3 (apenas ouve-se a voz feminina): Minha alma exulta de alegria, grande é o Senhor! Ele olhou para mim, sua humilde serva, e fez coisas grandiosas. Todas as gerações irão me chamar bem-aventurada! (cf. Lc 1, 46-49)

(Durante a fala do personagem, entra em cena Maria, vestida de azul. Aproxima-se de Jesus e permanece um pouco atrás dele.)

Personagem 4 (apenas ouve-se a voz masculina): Simão, filho de João, tu me amas mais do que estes? Sim, respondi. Sim, tu sabes que eu te amo. Pediu que eu cuidasse do seu rebanho. Pela segunda vez me perguntou se eu o amo. E pela segunda vez, respondi que sim, que eu o amo. De novo me pediu para cuidar do seu rebanho. Pela terceira vez me perguntou: Simão, tu me amas? Triste, respondi que sim, que Ele sabe tudo, deve saber que eu o amo... E pela terceira vez Ele me pediu para cuidar do seu rebanho. (cf. Jo 21, 15-17)

(Durante a fala do personagem, entra em cena Pedro, com uma rede de pescar nas mãos. Aproxima-se de Jesus e lança a rede junto à mesa.)

Personagem 5 (apenas ouve-se a voz feminina)**:** Quando me levaram à sua presença, encontrei-o sentado, ensinando o povo. Disseram-lhe que cometi adultério, perguntaram-lhe sobre meu castigo. Ele inclinou-se e escrevia no chão com o dedo. Insistiram aqueles que me acusavam. Ele disse que atirasse a primeira pedra quem não tivesse pecado. Todos foram embora, ficamos só nós dois. Ele também não me condenou. Suas palavras foram: vá e não peques mais. (cf. Jo 8, 1-11)

(Durante a fala do personagem, entra em cena a mulher adúltera, vestes rasgadas, olhar amedrontado. Aproxima-se de Jesus, fica ao seu lado, com olhar tranquilo.)

Personagem 6 (apenas ouve-se a voz masculina)**:** Fui até Ele para saber o que fazer para ter a vida eterna. Respondeu-me para seguir os mandamentos. Ora, isso eu venho fazendo já há muito tempo! Perguntei o que me falta fazer. Respondeu-me para vender o que tenho e entregar aos pobres, e depois segui-lo... Mas, como posso fazer isso? (cf. Mt 19, 16-22)

(Durante a fala do personagem, entra em cena o jovem rico, andando como que desorientado, depressa, vestindo uma camiseta branca exibindo a palavra "sucesso", trazendo nas mãos uma calculadora, um tablet ou um celular. Anda em direção a Jesus, mas para no meio do caminho, com olhar confuso, e se afasta.)

Personagem 7 *(apenas ouve-se a voz masculina)*: Eu seguia meu caminho perseguindo quem seguia o Senhor. De repente, uma luz que vinha do céu me atingiu e eu caí por terra. Ouvi uma voz que me chamava pelo nome e perguntava "Por que me persegues?" Quando perguntei "quem és tu, Senhor?", a voz respondeu-me "Jesus, aquele a quem você persegue". Senhor, que queres que eu faça? E a voz disse para levantar-me e seguir para a cidade... (cf. At 9, 3-6)

(Durante a fala do personagem, Paulo entra em cena, vestido normalmente, com óculos de sol, para simbolizar sua cegueira, e uma espada. Anda em direção a Jesus e, ao encontrá-lo, atira a espada para perto da mesa central.)

Animador: Queridos jovens, o encontro com Jesus acontece de muitas maneiras ao longo da nossa vida. Quando menos esperamos, Ele vem caminhar ao nosso lado, quer saber da nossa vida, e nos chama; Ele nos quer seus discípulos. Conhecer Jesus é o melhor presente que podemos receber e encontrá-lo é o melhor que pode acontecer em nossa vida!

Canto: Senhor, se tu me chamas[9]

Animador: As palavras "Não tenham medo!" mostram uma forma de encarar a vida, na certeza de que o Senhor está ao nosso lado. Vamos ouvir o que o apóstolo Paulo nos diz sobre a vida perto do Senhor.

→ **Canto de acolhida da Palavra**

Proclamação da Palavra – Rm 8, 31-39

Leitor: Leitura da Carta de São Paulo aos Romanos.

Leitor: Palavra do Senhor.

Todos: Graças a Deus.

Animador: Permanecer com Jesus é o mais fascinante projeto que podemos abraçar, porque nos dá a certeza de não corrermos riscos, porque Ele nada nos tira, mas tudo nos dá. Permanecer com Jesus é não ter medo de encarar a vida, porque Ele, e só Ele, sabe o que está dentro de nós. Só Ele tem palavras de vida. Não tenhamos medo! Vamos abrir as portas da nossa vida a Cristo Jesus. Diga a quem está ao seu lado: Não tenha medo, deixe Jesus falar a você, falar ao mundo!

Canto

Animador: Unidos a Cristo, rezemos como Ele nos ensinou: Pai-nosso, que estais nos céus...

---

[9] SUSIN, L.C., Fr. *Senhor, se tu me chamas*. CD Cantai – faixa 11.

→ **Bênção e Despedida**

Animador: Irmãs e irmãos, queridos jovens, que Deus nos firme em sua alegria, agora e para sempre.

Todos: Amém.

Animador: Em nome do Pai e do Filho e do Espírito Santo.

Todos: Amém.

Animador: Louvado seja Nosso Senhor Jesus Cristo.

Todos: Para sempre seja louvado.

Canto de despedida

12 SOU LIVRE PARA FAZER O QUE QUERO?

Somos livres para viver

Pergunte ao grupo algumas características que toda pessoa humana tem. Ajude-os a identificar a inteligência, a liberdade, a capacidade de comunicação, a companhia de outras pessoas.

Argumente que todas essas características recebemos de Deus para vivermos felizes.

Questione:

> *Somos cristãos, somos livres. Mas precisamos saber usar essa liberdade, porque as nossas atitudes e ações não podem pisar na dignidade da pessoa humana. É preciso discernimento para nos afastarmos do que traz prejuízo (a nós ou ao outro) e contraria o amor de Deus por nós.*

- Temos liberdade para usufruir de tudo isso? Se não, o que nos impede?
- O que significa ser livre?

Deus nos criou livres

Convide para a leitura da parte inicial do texto do livro dos crismados. Pode ser interessante trazer o tema do livre arbítrio. Questione o grupo: Livre arbítrio é a mesma coisa que liberdade?

Mostre que livre arbítrio é a possibilidade de escolher entre o bem e o mal, e liberdade é o bom uso do livre arbítrio.

Na sequência, apresente algumas situações: uma conversa entre pais e filhos quando esses querem ir a uma festa na casa de um desconhecido; exigir dos pais objetos caros que logo são deixados de lado; querer determinar a rotina da família nas férias ou nos finais de semana em função do que pretende fazer; divulgar nas mídias sociais todos os acontecimentos do dia, e outras mais.

Incentive a leitura da continuação do texto e questione: isso é liberdade?

Pergunte ao grupo qual deve ser nossa referência para uma liberdade autêntica. Apresente a Bíblia e diga que é a Palavra de Deus que guia nossa vida em liberdade. Motive a olhar a Pessoa de Jesus Cristo sob a ótica de liberdade, com algumas questões: Jesus deixou-se intimidar diante das provocações que sofreu? Respondia com "qualquer coisa" ou tinha sabedoria em suas respostas? Jesus excluía do seu convívio aqueles que não eram bem vistos pela sociedade?

Jesus Cristo, um homem livre e libertador

Com os crismados, leia o texto que está no livro e os ajude a compreender a dinâmica que Jesus experimentou: ser livre e ser libertador.

Coloque o exemplo dos presidiários: seu maior desejo é a liberdade, porque perdê-la é o maior castigo que alguém pode ter. Essa é a prisão física. E a prisão espiritual?

Comente sobre a situação descrita em Mc 5, 1-20. Jesus não aprisiona o homem para impedi-lo de caminhar entre as pessoas, mas o liberta da sua prisão. Nessa passagem, a reação das pessoas diante do homem liberto e transformado foi pedir que Jesus se afastasse de sua terra. Pergunte ao grupo: para quem Jesus foi libertador? Quem realmente era livre?

Lembre que ninguém pode ser libertado daquilo que não reconhece (ver Jo 8, 33). Jesus disse que se permanecermos unidos a Ele, ouvintes da sua Palavra, seremos verdadeiros discípulos seus, conheceremos a verdade e ela nos libertará (cf. Jo 8, 31s).

Isso que quero é bom para mim?

Proclamação da Palavra – 1Cor 6, 12-13

Leia com o grupo o texto que está no livro dos crismados e, na sequência, aponte situações nas quais aquilo que é permitido pode não ser conveniente a uma pessoa. Procure abordar situações comuns aos crismados do grupo, segundo sua idade e sua realidade de vida.

Comente que devemos pensar sobre o que fazemos com nossa liberdade e suas consequências. Pode retomar o texto do evangelho segundo Marcos, mencionado anteriormente (Mc 5, 1-20), e o exemplo do homem que foi libertado do demônio: uma vez liberto, sua reação foi anunciar Jesus e suas obras. Ou, ainda, podem ser trazidas à discussão situações divulgadas pela mídia ou do conhecimento do grupo – jovens que precisam deixar os estudos porque engravidam ainda adolescentes, jovens que são envolvidos com o tráfico de drogas e perdem sua juventude e sua liberdade, pessoas que assumem trabalhos apenas visando a remuneração ou o prestígio, abrem mão da convivência com a família e se tornam escravas do trabalho, e outras mais.

Importante é ser livre para viver!

Com algumas questões, mostre ao grupo que todos nós, de alguma maneira, somos cobrados pela sociedade, pela família, por nós mesmos.

Traga à discussão pontos como o uso de drogas, o peso da mídia, a irresponsabilidade nas decisões e ações, a falta de compromisso consigo mesmo e com os outros, a exposição nas redes sociais: *por quê, para quê?*

Oriente para a leitura do texto do livro dos crismados e reforce a ideia de que o mais importante não é ser livre *de* alguma coisa, mas ser livre *para* alguma coisa: para a vida, a vida na liberdade que Jesus nos ensinou.

Comente que a liberdade, para aceitar viver o projeto de Deus, pode trazer sofrimento (o crucifixo colocado na ambientação do encontro), mas a alegria de viver realmente livre (as flores colocadas na ambientação do encontro), segundo esse projeto, dá ânimo e sentido à nossa vida. Por isso, podemos dizer: Posso tudo, mas não devo, por amor a Deus!

Posso tudo, mas não devo, por amor a Deus!

Sessão "O nosso olhar"

A atividade proposta é a exibição de um filme que aborde questões como liberdade e decisões, suas consequências e seus beneficiados.

Depois da exibição do filme escolhido, sugira ao grupo conversar em duplas sobre as questões propostas no livro dos crismados e, em seguida, uma partilha com todos. Questões: Para tomar uma decisão, pensamos a quem ela mais interessa, quem será beneficiado, quem poderá ser prejudicado e quais as suas consequências?

Filmes sugeridos: Medidas Extremas/Amistad/A lista de Schindler.

Para Meditar

Jo 8, 31-32 – a liberdade de filho de Deus.

Oração da semana

Senhor Jesus, viver segundo a tua Palavra é um desafio! Sinto, muitas vezes, o peso dos apelos do mundo. Firma meus passos, guia-me na fé. Dá-me entendimento e força diante das dificuldades, discernimento e sabedoria para compreender os acontecimentos. A ti, Jesus, toda honra, toda glória, hoje e sempre. Amém.

PARA NÃO ESQUECER

- Prepare o local do encontro colocando uma Bíblia, um crucifixo, algumas flores; esses elementos devem ser associados no desenvolvimento do tema – a liberdade conduzida pela Palavra de Deus, a alegria ao exercer nossa liberdade de filhos de Deus (flores), a liberdade para aceitar o projeto de Deus, mesmo que signifique sofrimento (crucifixo).

- Cuide para que a proclamação da Palavra seja feita com simplicidade e muito respeito.

- Com uma breve reflexão e alguns questionamentos, ajude o grupo a compreender a Palavra proclamada.

- Sugere-se que o filme seja exibido no encontro seguinte e, em seguida à exibição, seja feita a discussão e a partilha sobre as questões apresentadas.

- Incentive os crismados para que criem o hábito da leitura diária da Palavra de Deus, sozinhos ou com os familiares. Incentive, também, a oração diária, como forma de diálogo constante com o Pai.

- Motive o grupo para expressar-se no espaço "O que vi e ouvi leva-me a dizer".

- Faça uma oração ao iniciar e para encerrar o encontro.

13 POLÍTICA, SIM. POR QUE NÃO?

Realizar o bem de todos

Converse com o grupo sobre as consequências da vida em comunidade, indagando sobre a necessidade de organizar essa vivência comunitária.

Apresente a frase proposta na sequência e questione os crismados sobre as ideias e sentimentos despertados.

> *A política é uma maneira de viver o compromisso cristão a serviço dos outros, uma forma de caridade, fiel aos ensinamentos de Jesus. Discernindo os sinais dos tempos, o político cristão age em favor da construção do Reino de Deus.*

"O objetivo da política é, primeiro, descobrir a maneira de viver que leva à felicidade humana, isto é, sua situação material e, depois, a forma de governo e as instituições sociais capazes de a assegurarem."[10]

Comente que para nós, cristãos, os dons que recebemos de Deus têm implicações sociais, ou seja, não podem ser pensados visando apenas nosso próprio bem-estar, mas da comunidade na qual vivemos.

A partir desses comentários, questione:

↳ O que é política?

↳ Existe relação entre a política e os ensinamentos de Jesus?

---

[10] http://educaterra.terra.com.br/voltaire/politica/aristoteles_politica2.htm

Deus criou o mundo e nos fez seus cuidadores

Leia Gn 1, 28 antes da leitura da primeira parte do texto do livro dos crismados. Comente que somos, ou devemos ser, de fato, colaboradores de Deus em sua obra. Explique que colaborar é trabalhar em comum com outra pessoa para obter determinado resultado. Que resultado é esse de nossa colaboração com Deus? Mostre que, para isso, devemos ser responsáveis pela vida, em todas as situações, zelando pelo bem de todas as pessoas.

Continue a leitura do texto do livro dos crismados, questionando o grupo quanto à compreensão do que significa nosso compromisso social e transformador da realidade.

Jesus Cristo, um político verdadeiro

Proponha que o grupo apresente dois exemplos conhecidos de políticos, sendo um positivo e o outro negativo. Peça que apontem, em cada exemplo, as atitudes coerentes com a proposta de Jesus. Converse sobre as consequências de cada um desses comportamentos para o povo.

Depois de ler com os crismados o texto que está no livro, peça que apontem, agora, atitudes de Jesus que influenciaram a vida do povo judeu.

Pergunte o sentido de fome de justiça e como isso pode aparecer nas nossas atitudes diárias.

Tantas vezes, em diferentes situações que causam revolta na população, ouvimos algumas pessoas dizendo que querem justiça. O que move essas pessoas e que justiça é essa que elas exigem? E a que justiça Jesus se refere?

Explore a frase em destaque: "agir, pela fé, em vista do bem comum". Como o grupo a compreende? A partir dessa frase, o que pode ser dito sobre a justiça pretendida por algumas pessoas, conforme visto anteriormente?

Agir, pela fé, em vista do bem comum

Proclamação da Palavra – Tg 2, 14-26

Conduza uma reflexão breve sobre o texto proposto. Explique que aquele que crê, quem tem fé, não pode se eximir do seu compromisso e da sua responsabilidade com a comunidade, com o mundo.

Faça a leitura do texto do livro dos crismados, destacando a afirmação: pela fé é possível uma ação política, uma ação libertadora, construtora da justiça, promotora da paz, em vista do bem de todos.

Como os crismados compreendem a afirmativa "a política é ação pelo bem comum"?

Comente que sempre que a política é, de fato, comprometida com o bem de todos, o Evangelho de Jesus se concretiza entre nós. Por isso, não dá para separar fé e política.

A política é uma forma da caridade

Como relacionar fé e política? A fé diretamente tem a ver com Deus e sua vontade para os homens, mas ela é vivida em uma sociedade, é criadora de opinião e de decisão. A fé funciona como uma bicicleta com duas rodas, pelas quais torna-se efetiva na sociedade: a roda da religião (que se concretiza pela oração, pelas celebrações, pela leitura da Palavra) e a roda da política (que se expressa pela prática da justiça, da solidariedade, da denúncia da corrupção). Temos que nos equilibrar sobre as duas rodas para andarmos corretamente! A Bíblia considera a roda da política (entendida como ética) mais importante do que a roda da religião (entendida como culto). Sem a ética, a fé fica vazia e inoperante, pois são as práticas, e não os discursos, que contam para Deus. Fé e política encontram-se juntas na vida das pessoas. Um cristão deve empenhar-se pela justiça e pelo bem-estar social, deve escolher programas e pessoas que se aproximem daquilo que entendem ser o projeto de Deus. Política é, portanto, uma das formas mais elevadas de amor social.[11]

---

[11] BOFF, L. Fé e política para além do fundamentalismo. Movimento Nacional Fé e Política. Disponível em <http://www.fepolitica.org.br/index.php/leonardo-boff/244-leonardo-boff>. Acesso em 10 de jan. 2015.

Depois da leitura do texto que está no livro dos crismados, questione: podemos pensar a política como uma forma de caridade? É a mesma coisa que assistencialismo? Por que? Por que é tão comum e tão fácil apontar culpados para situações que nos envergonham e entristecem? Para nós, cristãos, isso é tudo?

A partir das manifestações do grupo, destaque que para nós a pergunta realmente importante é: o que posso fazer para mudar o que aí está? Que ações concretas podem contribuir para a vida e o bem comum? Como podemos participar? Por isso, a Igreja reconhece a importância da atuação dos leigos na política e incentiva sua participação em diferentes setores (DGAE 2011-2015 n.71).

Os cristãos têm uma missão no mundo social e político

A partir da leitura do texto do livro dos crismados, reafirme que fé autêntica e política verdadeira não podem ser separadas.

Explique que na convivência diária somos levados a fazer política, a ter atitudes políticas, porque quando lutamos pelo bem de todos, quando superamos diferenças para buscar o entendimento que beneficia a todos, quando denunciamos injustiças e nos opomos aquilo que contraria os ensinamentos de Jesus, estamos fazendo política da melhor qualidade.

Programa Eleitoral

Comente o questionamento de São Tiago: como alguém diz que tem fé se nada faz em favor da vida, não age pelo bem de todos? Seria como um eletricista que não consegue trocar uma lâmpada.

Vamos nos dividir em grupos e representar partidos políticos cristãos. No seu grupo, cada um apresenta sua proposta como candidato. Cada partido deverá ter um nome e deverá construir seu programa de governo a partir de algumas propostas dos candidatos, apontando suas prioridades.

Aproveite a ocasião para diferenciar política social e política partidária. A política social diz respeito ao bem comum da sociedade; a política partidária significa a luta pela conquista do poder, seja para mudá-lo ou para exercê-lo tal como está. É interessante mencionar que "Quem faz política busca o poder. Poder, como meio a serviço de outros fins ou poder por causa dele mesmo, para desfrutar do prestígio que ele confere." (Max Weber in Boff, 2014)[12]

Defina o tempo que os grupos terão para conversar e preparar seus programas de governo.

No "Programa Eleitoral", os partidos irão apresentar suas propostas de governo para um debate para todos os presentes. É preciso definir quanto tempo caberá a cada grupo para apresentação e a duração do debate.

Para Meditar

Mc 10, 33-35 – o sentido do poder e do serviço.

Oração da semana

Senhor Jesus, nesse mundo tão dividido, com tantos esquecidos, dá-me sabedoria para perceber o que posso fazer, coragem para agir e amor para ver em cada pessoa um irmão. Que eu não fuja da minha responsabilidade e faça da fé a minha força. Amém.

---

[12] BOFF, L. Política e Diálogo no contexto da reeleição de Dilma Roussef. Disponível em<https://leonardoboff.wordpress.com/2014/11/08/politica-e-dialogo-no-contexto-da-reeleicao-de-dilma-rousseff/o-de-dilma-rousseff/>. Acesso em: 12 de maio de 2015.

PARA NÃO ESQUECER

- Prepare um cartaz com a frase proposta para motivação inicial do encontro.

- Cuide para que a proclamação da Palavra seja feita com simplicidade e muito respeito.

- Com uma breve reflexão e alguns questionamentos, ajude o grupo a compreender a Palavra proclamada.

- Se for conveniente, para aprofundar as discussões, conclua a atividade no encontro seguinte, com a apresentação das propostas e o debate.

- Incentive os crismados para que criem o hábito da leitura diária da Palavra de Deus, sozinhos ou com os familiares. Incentive, também, a oração diária, como forma de diálogo constante com o Pai.

- Motive o grupo para expressar-se no espaço "O que vi e ouvi leva-me a dizer".

- Faça uma oração ao iniciar e para encerrar o encontro.

14

PRECONCEITO? JAMAIS!

Todos somos iguais

Apresente as imagens sugeridas e peça que o grupo converse e aponte as semelhanças e as diferenças existentes entre as pessoas que nelas aparecem.

Fique atento para mostrar, de maneira direta, mas não constrangedora, se surgir alguma expressão de preconceito ou de discriminação no grupo.

Comente que para quem é discípulo de Jesus, a igualdade deve se manifestar sempre, por isso, não podemos aceitar que

> *Todas as pessoas são imagem e semelhança de Deus e, assim, merecem igual respeito. Diferenças de gênero, raça, aspecto físico, condição social, ou qualquer outra coisa não podem ser usadas para justificar diferentes oportunidades ou tratamentos.*

algumas pessoas sejam rotuladas ou discriminadas, por nenhum motivo. Questione os crismados:

↳ *Como compreendem o que é preconceito?*

↳ *Como compreendem a discriminação?*

Preconceito é uma ideia ou conceito formulado antecipadamente e sem fundamento sério ou imparcial. Discriminação é o tratamento desigual ou injusto dado a uma pessoa ou a um grupo, com base em algum tipo de preconceito, principalmente sexual, religioso, racial.[2]

Deus é a favor do ser humano

A partir das diferenças apontadas nas imagens anteriormente, fale que Deus não tem preferência por algumas pessoas, porque todas são suas criaturas e todas são amadas por Ele.

94

Conduza a leitura da primeira parte do texto do livro dos crismados e pergunte: que diferenças há entre nós? O que há de positivo e de negativo nessas diferenças que apresentamos? Por que há essas diferenças?

Comente que essas diferenças nos foram dadas por Deus – porque Ele quis nos fazer tão diferentes que é impossível encontrar uma outra pessoa exatamente igual a nós.

Peça que falem sobre situações de preconceito e de discriminação conhecidas e, também, situações nas quais a igualdade existe. Mostre, nas situações apresentadas, que acontece o preconceito quando nós percebemos o outro diferente do que somos ou do que pensamos.

Questione:

- Como podemos admitir preconceitos ou mesmo ter preconceitos sem esquecer o mandamento do amor que Jesus nos ensinou?

Jesus Cristo, homem entre os homens

Motive para a leitura do texto do livro dos crismados e recorde com o grupo algumas passagens da vida de Jesus, mostrando que ele sempre deu atenção a todos que dele se aproximavam. Nas passagens mencionadas pelo grupo, mostre que Jesus valorizava o coração de quem o procurava, e amava igualmente cada um do jeito que era.

Lembre que Jesus disse que devemos tratar cada pessoa como queremos ser tratados (peça que leiam Mt 7,12). Levando isso a sério, não podemos discriminar ninguém nem ter atitudes de preconceito, porque não queremos ser tratados assim. E a razão para esse pensamento e esse modo de agir não pode ser o receio de sofrer preconceito, mas o amor que devemos ter por todas as pessoas.

Ter preconceito é ignorar o amor de Deus

Proclamação da Palavra – Tg 2, 1-9

Faça uma breve reflexão sobre o texto de São Tiago.

A fé em Jesus não admite diferentes pesos e medidas para a dignidade dos homens; todos eles chamados a serem irmãos. Isso deve ser claro nas relações interpessoais, na vida social. O exemplo do rico e do pobre que Tiago apresenta é bastante eloquente e pode ser alargado para considerar qualquer tipo de preconceito ou discriminação seja racial, social, religioso, sexual. Pelo mandamento do amor deixado por Jesus, os cristãos não fazem distinção de pessoas, mas agem guiados apenas pela caridade, pela "regra de ouro" (v. 8 cf. Mt 7,12).

Coloque a frase em destaque para discussão: ter preconceito é ignorar o amor de Deus. Peça que os crismados conversem, em pequenos grupos, sobre essa frase e expressem, na sequência, sua compreensão e os sentimentos que ela desperta.

Deus não vê como vê o homem

Leia o texto do livro dos crismados. Em continuação, retome algumas das situações de preconceito e discriminação mencionados anteriormente pelo grupo e confronte esse comportamento com o modo de Jesus agir. Enfatize que Ele não se omitiu, não fugiu de enfrentar os pré-conceitos impostos, não ignorou quem era discriminado.

Não deixe o preconceito cegar você!

Leia, com o grupo, o texto do livro dos crismados. Procure explicar porque repetir ideias nascidas de julgamentos superficiais e o medo do desconhecido geram preconceito e discriminação.

Leia o seguinte texto (ou faça cópias e entregue ao grupo): "O segredo para olhar os outros com olhos de ver está na receita: sobre uma tábua rasa de expectativas, juntar uma grande porção de interesse com outra, igualmente farta, de boa vontade, um punhado de observação e uma pitada de humildade. Misturar energicamente e deixar fermentar longas horas, permitindo assim que se apurem as matérias primas. O melhor de tudo é descobrir as complexidades da combinação de sabores."[13]

---

[13] http://apontoblog.blogspot.com.br/2007/05/propsito-do-preconceito_25.html

Questione o grupo:

- Por que o preconceito nos deixa cegos?
- Qual o sentido de "olhos de ver"? E por que "o melhor de tudo é descobrir a complexidade de sabores"?

Reforce a ideia de que para combater o preconceito é preciso mais do que fazer pose nas mídias ou repetir slogans de campanhas: é preciso atitude no dia a dia!

Vídeo Debate

São sugeridos alguns vídeos curtos abordando o tema do preconceito e da discriminação, que apresentam conceitos ou situações. Durante a exibição, os vídeos podem ser interrompidos, se for conveniente, para reforçar alguma ideia apresentada. É importante deixar que o grupo se manifeste livremente e o animador deve ajudar os crismados a rever conceitos ou ideias equivocadas.

Sugestões: Preconceito e estereótipos/Estereótipos, preconceito e discriminação/O xadrez das cores/Vista a minha pele/Uma aula de discriminação.

Algumas questões que podem ser ponto de partida para a exibição dos vídeos:

- Preconceito e estereótipos
    - Antes de exibir o vídeo, pergunte ao grupo: é possível categorizar as pessoas? Como? O preconceito é uma avaliação afetiva? Por que?
    - Discussão sobre a imagem aos 24s.
    - Alguma situação semelhante a do imigrante mencionada no vídeo é conhecida? Onde aconteceu, qual o desfecho?
- Uma aula de discriminação
    - Existe discriminação natural? Podemos ter preconceito sem termos consciência dele?

- Vista a minha pele
    - Antes de exibir o vídeo, comente o que é uma paródia e qual a sua finalidade.
    - Destaque a frase dita pela mãe do personagem central: "É preciso lutar para vencer como qualquer outra pessoa" – qual o seu significado?
- O xadrez das cores
    - Podem ser explorados sentimentos de solidão, solidariedade, egoísmo, orgulho, discriminação, superação.
- Estereótipos, preconceito e discriminação – parte I
    - Destaque a frase "O preconceito é filho da ignorância".
    - Discussão sobre a imagem em 1min10s: o que transmite?
    - Em determinado momento, é dito que preconceito tem cura. Qual o sentido dessa afirmação? Na prática, o que significa?
    - Destaque o texto em 4min25.
- Estereótipos, preconceito e discriminação – parte II
    - Interrompa a exibição em 2min26 e questione o grupo sobre o texto.
    - Porque a surpresa demonstrada pelo júri do concurso? (6min05)

Há, também, muitos filmes que abordam o tema do preconceito e que podem ser exibidos para enriquecer as discussões no grupo. A escolha deve considerar a maturidade do grupo.

Sugestões de filmes: Histórias cruzadas/Conduzindo Miss Daisy/Amistad/Billy Elliot/Adivinhe quem vem para jantar/12 Anos de escravidão/Um grito de liberdade/O poder de um jovem/Ninguém é perfeito/Shrek/As aventuras de Huck Finn/Faça a coisa certa.

Para Meditar

1Sm 16, 7 – olhar para o outro.

Oração da semana

Senhor Jesus, tu nos deixaste o mandamento do amor. Que bom seria se todos nos olhássemos como iguais, sem ver diferenças que não existem! Afasta do meu pensamento e do meu coração a tentação de julgar e discriminar qualquer pessoa. Dá-me o teu olhar para meu irmão, Jesus! Amém.

PARA NÃO ESQUECER

- Exponha, no local do encontro, imagens de homens e mulheres, pessoas de etnias diferentes, símbolos de confissões religiosas diferentes e de culturas diferentes. Ao propor o tema, questione sobre diferenças e semelhanças entre as imagens apresentadas.
- Cuide para que a proclamação da Palavra seja feita com simplicidade e muito respeito.
- Com uma breve reflexão e alguns questionamentos, ajude o grupo a compreender a Palavra proclamada.
- Sugere-se que seja exibido, nesse encontro, um dos vídeos e, na sequência, seja feita uma boa discussão sobre o tema tão provocador.
- A exibição de um dos filmes sugeridos pode acontecer em outra oportunidade como, por exemplo, propondo ao grupo uma sessão pipoca em um final de semana. Nesse caso, não se deve perder a oportunidade de reforçar alguma ideia, mas é preciso ter claro que se trata de um encontro de outra natureza.
- Incentive os crismados para que criem o hábito da leitura diária da Palavra de Deus, sozinhos ou com os familiares. Incentive, também, a oração diária, como forma de diálogo constante com o Pai.
- Motive o grupo para expressar-se no espaço "O que vi e ouvi leva-me a dizer".
- Faça uma oração ao iniciar e para encerrar o encontro.

15 — É CONTRA A VIDA? TÔ FORA!

A vida em primeiro lugar

Use a música "O que é, o que é?", de Gonzaguinha, como motivação inicial.

Na sequência, apresente a vida como nosso bem maior, um dom sagrado recebido de Deus, e que deve ser protegido de todas as formas.

Questione o grupo:

> *Todos os cristãos devem lutar pela vida em todas as situações nas quais ela é ameaçada. O cuidado constante com a vida e a ação de graças a Deus por esse dom que dele recebemos são atitudes do cristão.*

↳ O que é a vida?

↳ O que significa dizer que a vida é sagrada?

Deus é o Senhor da Vida

Leia para o grupo esse texto sobre os direitos humanos e converse sobre o sentido desses direitos para a sociedade.

> Os direitos humanos são os direitos básicos de todos os seres humanos. São direitos civis, políticos, econômicos, sociais e culturais. A Declaração Universal dos Direitos Humanos, adotada pela ONU em 1948, em seu preâmbulo afirma "considerando que o reconhecimento da dignidade inerente a todos os membros da família humana e dos seus direitos iguais e inalienáveis constitui o fundamento da liberdade, da justiça e da paz no mundo". No Artigo 1º da Declaração encontramos "Todos os seres humanos nascem livres e iguais em dignidade e em direitos. Dotados de razão e de consciência, devem agir uns para com os outros em espírito de fraternidade." E, no artigo 3º, "Todo indivíduo tem direito à vida, à liberdade e à segurança pessoal."[14]

---

[14] http://www.ohchr.org/EN/UDHR/Documents/UDHR_Translations/por.pdf

Na sequência, motive a leitura do texto que está no livro dos crismados. Destaque a ação criadora de Deus que está em nossa existência. Confronte as situações apontadas com os direitos humanos mencionados anteriormente.

Coloque a ideia do direito à vida como o mais fundamental, inseparável da nossa natureza humana e do qual todos os nossos direitos dependem. Apresente exemplos de situações em que o homem colocou-se como senhor de tudo e mostre que os resultados foram ataques à vida – sistemas ditatoriais, imposições religiosas.

E quando os direitos humanos são esquecidos, o que acontece? Fale sobre algumas formas de violência: exploração, uso de drogas lícitas e ilícitas, tortura, terrorismo, guerras, pena de morte, eutanásia, clonagem, manipulação genética, aborto... Uma lista extensa que parece apagar a promessa de vida plena. Comente que a violência atinge a todos, mas é mais dura com os mais indefesos.

Jesus Cristo, fonte de vida

Traga à discussão o supérfluo e o fundamental, o particular e o comunitário (universal). Como fazemos nossas escolhas? Recorde algumas discussões do tema 7.

Peça que, em duplas, leiam e conversem sobre o texto que está no livro dos crismados e procurem entender: como Jesus é dom e doador?

Jesus é fonte de vida, Ele dá sentido à vida humana. O que isso significa para nossa vida?

Jesus Cristo dá sentido à vida humana

Proclamação da Palavra – Mt 12, 1-14

Depois de uma reflexão sobre o texto bíblico, lembre que Jesus não hesita em anunciar a vida, em lhe dar sentido e valor. Ele cura e, assim, devolve a dignidade à pessoa.

Mostre que, muitas vezes, somos tentados a valorizar mais o que pensamos e queremos, esquecendo os sentimentos e desejos do outro. Jesus ensina diferente, Ele valoriza o que é valioso para cada pessoa. Jesus ensina que uma das prioridades que devemos ter sempre é a preservação do dom da vida, nossa e de todos os irmãos, em todas as situações.

Motive uma leitura em duplas (ou em pequenos grupos) do texto do livro dos crismados, destacando a defesa intransigente da vida que Jesus nos ensina. Questione o grupo sobre a realidade que conhecem: a vida é sempre colocada em primeiro lugar? A vida de toda e qualquer pessoa?

Para Deus a vida humana é o maior valor sobre a Terra

Leia com o grupo o texto do livro dos crismados. Comente as respostas à questão "o que é viver?": é ter saúde, é ter dinheiro, é ser feliz, é morar e comer bem, é ter lazer, é ter educação, é sonhar... Pergunte se acrescentam alguma outra coisa, se discordam de alguma mencionada.

Fale sobre a maneira como a vida é entendida hoje, a partir de critérios e princípios racionais, deixando de lado a vida como algo sagrado.

Questione o grupo sobre a afirmação que está no livro: a sociedade quer que acreditemos que a vida só vale a pena com prazer, poder e satisfação pessoal. Peça exemplos e converse sobre eles. Mostre as consequências desse pensamento: excluir ou abandonar aqueles que, por diferentes motivos, não se encaixam nessa lógica.

Lembre que a Igreja tem a tarefa de continuar no mundo a missão de Jesus. Por isso, é sua tarefa irrenunciável e, portanto, de todos nós, manifestar a dignidade inviolável de toda pessoa humana, defender o direito à vida em qualquer situação, apontar crimes contra a vida, ajudar aqueles que se sentem fragilizados. Agindo assim, como Jesus, defendemos o projeto de vida oferecido a todos e que deve ser promovido por todos.

Que valor tem a vida?

Peça que conversem, em pequenos grupos, sobre essa questão: "que valor tem a vida?".

Após a leitura do texto do livro dos crismados, pergunte se algum crismado já passou pela experiência de defender uma vida, ainda que tenha sido no campo das ideias, e não concretamente. Pergunte como isso aconteceu, o que provocou a reação do crismado, como ele se sentiu. Aproveite as experiências narradas para motivar o grupo a aprofundar o conhecimento sobre algumas situações contrárias à vida, que serão abordadas no debate proposto.

Debate "Eu sou vivo, defendo a vida"

Organize com o grupo um debate abordando quatro situações contrárias à vida: o aborto, a eutanásia, o uso de drogas e a violência urbana. Para isso, forme quatro grupos que irão pesquisar e aprofundar uma dessas situações. Vamos procurar conhecer mais sobre esses ataques à vida e suas consequências e pensar maneiras de conscientização e de luta contra cada um deles.

No debate, cada grupo apresenta alguns pontos sobre a situação que pesquisou e todos poderão fazer perguntas, comentários ou expor ideias.

Para Meditar

Sl 35(36), 6-10 – a vida em Deus.

Oração da semana

Senhor meu Deus, Criador e fonte de tudo o que existe, quanto vos deve entristecer cada ataque à vida! Abre minha mente e meu coração aos ensinamentos de vosso Filho, fortalecei-me para que eu lute em defesa daqueles cujo direito à vida é tirado e da vida plena para todos. Amém!

PARA NÃO ESQUECER

- Coloque junto à Bíblia algumas flores secas e flores viçosas, simbolizando a morte e a vida.

- Distribua uma cópia da letra da música "O que é, o que é?" para cada pessoa do grupo.

- Cuide para que a proclamação da Palavra seja feita com simplicidade e muito respeito.

- Com uma breve reflexão e alguns questionamentos, ajude o grupo a compreender a Palavra proclamada.

- Para que os crismados possam pesquisar sobre as situações propostas e suas consequências, o debate deverá acontecer no encontro seguinte.

- Como sugestão, com o debate poderá ser exibido, também, um filme que aborde um tema relacionado às situações propostas e debatidas.

- Sugestões de filmes: Um grito de liberdade/Como treinar o seu dragão/O poder de um jovem.

- Incentive os crismados para que criem o hábito da leitura diária da Palavra de Deus, sozinhos ou com os familiares. Incentive, também, a oração diária, como forma de diálogo constante com o Pai.

- Motive o grupo para expressar-se no espaço "O que vi e ouvi leva-me a dizer".

- Faça uma oração ao iniciar e para encerrar o encontro.

16 — SOU CIDADÃO DOS CÉUS NO MEIO DO MUNDO

Fazer tudo para a glória de Deus!

Há um vídeo, "O Emprego" (duração: 6min), que apresenta a história de um empregado sem qualquer expressão facial (assim como todos os que o rodeiam). Todas as pessoas em casa, nas ruas e no local de trabalho são vistos como objetos que apenas cumprem uma determinada função. O empregado, ao final, torna-se também ele objeto de alguém. Esse vídeo pode ser visto em: http://youtube/cxUuU1jwMgM.

Profissão é escolha pessoal para exercer um trabalho. Vocação é chamado de Deus para uma missão. Para nós, cristãos, a profissão não pode ser entendida apenas como um trabalho ou meio de subsistência. Nossa profissão nasce de uma vocação que deve ser vivida como serviço aos irmãos.

A exibição desse vídeo ou de outro semelhante pode ser uma boa provocação para o tema. Pergunte ao grupo: que tipo de relação existe entre o personagem central e as demais pessoas? Ser visto como objeto, cumprir apenas uma determinada função: como isso pode ser encarado à luz dos ensinamentos de Jesus? O personagem central tem um emprego, um trabalho ou exerce uma vocação?

Na sequência, apresente as palavras – trabalho, emprego, profissão, vocação – e motive uma conversa com o grupo. Deixe, primeiramente, que eles mostrem seu entendimento e, depois, mostre cartazes com as definições de cada uma delas.

Sugestão de definições:

Trabalho é a atividade física ou intelectual realizada pelo homem, com o objetivo de fazer, transformar ou obter algo.

Emprego diz respeito à ocupação da pessoa em uma empresa ou órgão público; é a relação estável, mais ou menos duradoura, que existe entre quem organiza e quem realiza o trabalho.

Profissão exige qualificação, um grau de aprendizado maior para realizar o trabalho, é uma atividade destinada a assegurar a sobrevivência.

Vocação é uma inclinação, uma tendência ou habilidade que leva o indivíduo a exercer uma determinada carreira ou profissão.

Muitas vezes usamos essas palavras atribuindo-lhes um mesmo sentido. Mas, há diferença entre elas?

Questione o grupo:

↳ *Queremos uma profissão?*

↳ *Procuramos um emprego ou um trabalho?*

↳ *Será que cada um de nós tem mesmo uma vocação?*

Deus conta com você também

Lembre o grupo de algumas passagens bíblicas que falam sobre a vocação: a vocação de Abraão (Gn 12, 1), Moisés (ex 3, 7-10), Samuel (1Sm 3, 7-12), Jeremias (Jr 1, 4-10), Isaías (Is 6, 8ss), Ezequiel (Ez 1-3), Maria (Lc 1, 28-38), Paulo (At 9, 3-6; 22, 6-11; 26, 12-15).

Comente que a vocação é um chamado que Deus faz a cada pessoa para exercer sua missão no mundo e motive a leitura do texto que está no livro dos crismados.

Lembre que vocação sempre indica um chamado e aquele que chama quer uma resposta da pessoa a quem chama. Deus também age assim conosco, mas, ao chamar, Deus dá antes de pedir: Ele, ao chamar o homem, lhe dá a vida, a existência e a liberdade.

Depois de chamar o homem à vida, Deus torna a chamá-lo porque Ele não quer mais agir sozinho e há muitas coisas que Ele deseja fazer nesse mundo por meio do homem. E quando Deus chama, confia uma missão. Por isso, podemos dizer que o chamado de Deus é sempre um desafio.

Converse sobre os chamados de Deus: à vida (vocação à existência), a ser pessoa humana (vocação humana), a ser cristão pelo

Batismo (vocação cristã). E, além dessas vocações que se somam, recebemos uma específica: ao ministério ordenado (sacerdotes e bispos), à vida religiosa ou à vida de leigos. Chamados à vida, nos comprometemos a cumprir a missão de ajudar para que todos vivam bem. Chamados à fé, pelo Batismo, nosso compromisso é seguir os ensinamentos de Jesus e viver como irmãos. Chamados a qualquer estado de vida (sacerdotal, religiosa, matrimonial) temos um compromisso específico com a humanidade, para ajudá-la a ser feliz. Os leigos, solteiros ou casados, são testemunhas e anunciadores do Reino, exercendo sua vocação na profissão que abraçam. Da mesma maneira de Jesus, que viveu plenamente sua vocação.

Jesus Cristo viveu sua vocação

Pergunte ao grupo: Diante do que foi dito sobre o sentido de vocação, qual a vocação de Jesus Cristo, em sua vida terrena? Em seguida, oriente a leitura do texto que está no livro dos crismados.

A realização da vocação de Jesus para o serviço do Reino é expressa claramente em Lc 4, 14-22: libertar os presos e oprimidos, devolver a vista aos cegos e proclamar um ano de graça do Senhor. É específico da vocação de Jesus: foi enviado como Filho de Deus, tem o Espírito de Deus com Ele, é fiel incondicionalmente ao Pai, tem consciência de sua missão e a realiza, é martirizado como consequência de sua vocação.

Destaque que, ao assumir sua vocação, Jesus glorificava o Pai realizando a missão que havia recebido. Portanto, vivendo nossa vocação, assim como Jesus, tudo o que fizermos deve ser para a glória de Deus.

A quem muito tem será dado muito mais!

Proclamação da Palavra – Mt 25, 14-30

Faça a leitura do texto bíblico e, em seguida, peça que cada um releia a passagem em sua Bíblia e reflita sobre ela, em silêncio. Para ajudar essa reflexão individual, mostre os talentos, na parábola que

Jesus conta como os dons, competências e habilidades que recebemos do Espírito Santo. Depois, faça uma partilha das reflexões pessoais.

Toda vocação resulta de duas decisões: de Deus, que escolhe e chama livremente o homem; e do homem, que responde livremente a esse chamado. A vocação vai sendo descoberta na entrega diária à vontade de Deus, que nos toca e nos desperta sempre a cada novo dia, para descobrirmos e fortalecermos nossa resposta.

Para ajudar a compreensão do sentido da vocação, apresente alguns aspectos relativos à vocação dos profetas: a certeza de que Deus chama cada um para uma missão que só ele poderia realizar exige uma mudança radical em sua vida. O profeta é um "desinstalado" por Deus. Percebe-se, assim, a ponto de, após o chamado, viver uma experiência profunda com Deus, que provoca uma reviravolta em sua vida pessoal e familiar. Também pode ser lembrado que, nas narrativas da vocação dos profetas, encontramos o chamado, a rejeição ao chamado, a explicitação da missão e a aceitação da missão.

Comente que recebemos de Deus talentos conforme nossa capacidade, porque Ele sabe como somos. E como temos capacidades diferentes, somos diferentes, cada um de nós busca realizar-se em profissões diferentes. E quando exercemos a profissão com empenho e honestidade, assumindo as responsabilidades que ela nos exige, multiplicamos os talentos recebidos.

Fazer tudo com o coração

Questione:

- *O que é fazer tudo com o coração no nosso dia a dia?* (ver Cl 3, 23).

Comente que é preciso empenho para fazer o melhor, dar tudo de nós. Lembre que as atitudes do discípulo de Jesus são de compromisso com os irmãos. Na sequência, leia o texto que está no livro dos crismados.

Todos os dias devemos voltar a escolher o que desejamos alcançar. Temos a garantia de que Deus nos acompanha. Sua presença conosco nos ajuda a vencer a vontade de escapar da nossa responsabilidade, da tentação de dizer NÃO ou de não nos empenharmos em fazer tudo com o coração.

Recorde que cada crismado foi convidado a pensar sobre seu Projeto Pessoal de Vida no primeiro encontro do grupo.

Para que Deus me chama?

Se a profissão é fazer, a vocação é viver – qual o sentido dessa afirmação?

Seguir uma vocação é viver a vida com intensidade, respondendo aos apelos de Deus. É renovação, conversão, superação constante. Seguir uma vocação é vencer resistências e seguir o apelo de Deus, que chama a uma missão. Mas não podemos pensar que, ao dar nosso SIM ao chamado de Deus à nossa vocação, ficamos livres de incertezas ou angústias. Temos o próprio Cristo que exclamou "Meu Deus, meu Deus, por que me abandonastes?" (cf. Mc 15, 34).

Vocação é viver, é ponto de partida, e descobrir nossa vocação é condição para alcançar a chegada. O importante é partir (cf. Gn 12, 1), sinal claro do nosso SIM a aquele que nos chama.

Questione o grupo e mostre que a realização na profissão escolhida só acontece se a aceitamos como vocação.

Deus chama cada um de maneira única, pessoal, e, muitas vezes, usa algumas pessoas para nos chamar. Por isso, dizemos que as vocações acontecem na vida concreta e pela mediação de algumas pessoas.

Histórias e memórias

Convide algumas pessoas para uma entrevista, na qual irão contar como descobriram sua vocação: pais, sacerdotes, catequistas, professores e outros profissionais.

Antes das entrevistas, como inspiração, forme pequenos grupos para ler o poema "Verbo Ser", conversar e partilhar os sentimentos despertados pela leitura.

Motivados por esses sentimentos, os grupos devem elaborar algumas questões que serão colocadas aos entrevistados.

VERBO SER

Que vai ser quando crescer? Vivem perguntando em redor.

Que é ser? É ter um corpo, um jeito, um nome? Tenho os três. E sou?

Tenho de mudar quando crescer? Usar outro nome, corpo e jeito?

Ou a gente só principia a ser quando cresce? É terrível, ser? Dói? É bom? É triste?

Ser; pronunciado tão depressa, e cabe tantas coisas!

Repito: Ser, Ser, Ser. Er. R. Que vou ser quando crescer?

Sou obrigado a? Posso escolher? Não dá para entender.

Não vou ser. Vou crescer assim mesmo. Sem ser Esquecer.

Para Meditar

1Cor 12, 4-11 – as manifestações do Espírito.

Oração da semana

Senhor Deus, enviai vosso Santo Espírito para que eu saiba escutar vosso chamado e abrir-me à minha vocação. Quero descobrir como servir meus irmãos e construir o Reino, já nesse mundo. Como vosso Filho Jesus, tudo o que eu fizer, Senhor, que seja para vossa glória!

PARA NÃO ESQUECER

- Prepare cartazes com as definições de trabalho, emprego, profissão e vocação, que serão apresentados na motivação inicial.

- Cuide para que a proclamação da Palavra seja feita com simplicidade e muito respeito.

- Com uma breve reflexão e alguns questionamentos, ajude o grupo a compreender a Palavra proclamada.

- As entrevistas podem acontecer em um dia diferente do encontro, como um evento promovido pelo grupo pós-crisma na comunidade, sendo convidados, por exemplo, as famílias, os catequizandos da Catequese Crismal, os grupos de jovens, amigos dos crismados.

- Incentive os crismados para que criem o hábito da leitura diária da Palavra de Deus, sozinhos ou com os familiares. Incentive, também, a oração diária, como forma de diálogo constante com o Pai.

- Motive o grupo para expressar-se no espaço "O que vi e ouvi leva-me a dizer".

- Faça uma oração ao iniciar e para encerrar o encontro.

Celebração

TU OLHAS PARA MIM, EU OLHO PARA TI

Refrão meditativo: Onde reina o amor[15]

Animador: Hoje somos convidados a estar com Jesus. É um momento de fé e de união entre nós e com Cristo Jesus. Diante do Senhor, vamos nos deixar envolver por sua presença, vamos curtir nossa intimidade com Ele, abrir-lhe nosso coração. Jesus se faz presente na Eucaristia e na Palavra para alimentar nossa vida de fé e de compromisso com nossos irmãos. Deus, que nos ama com amor de predileção, nos chama e nos reúne. Estamos reunidos em nome do Pai e do Filho e do Espírito Santo.

Todos: Amém!

Animador: Vamos nos colocar diante do Cristo Eucarístico. São momentos de silêncio, de oração, de escuta da Palavra, de reflexão, de louvor e agradecimento.

São João Paulo II nos exortava a estar com Jesus Eucarístico "inclinados sobre o seu peito como o discípulo predileto, deixando-nos tocar pelo amor infinito do seu coração". Permaneçamos em silêncio, em oração pessoal, em adoração e em agradecimento. Diante

---

AMBIENTE DA CELEBRAÇÃO

A adoração ao Santíssimo Sacramento deve ser realizada em uma capela ou na Igreja. Providencie a Bíblia para a proclamação da Palavra.

Convide um Ministro Extraordinário da Comunhão Eucarística para ser responsável pela exposição do Santíssimo.

CANTO

Cuide para que os cantos ajudem a manter um clima orante.

DURANTE A CELEBRAÇÃO

O animador deve ler com tranquilidade, para que possa ser compreendido por todos, para não perder o clima de oração.

PROCLAMAÇÃO DA PALAVRA

Escolha o leitor com antecedência, para que se prepare para proclamar a Palavra de Deus.

Guarde alguns instantes de silêncio após a leitura bíblica para acolhimento da Palavra lida e reflexão pessoal.

---

[15] KOLLING, M. et al. (orgs). *Cantos e orações* – Para a liturgia da missa, celebrações e encontros. Petrópolis: Vozes, 2007. n. 1.459j.

do Cristo Sacramentado vamos abrir nossas mentes e nossos corações ao amor de Deus; vamos dizer como nos sentimos, como vivemos e como queremos viver nossa fé.

(traslado e exposição do Santíssimo; todos ajoelhados)

Canto: Vim, para adorar-te! Vim, para dizer ...[16]

Animador: A Palavra de Deus, assim como a Eucaristia, é também alimento para a nossa vida. Ela nos mostra a vontade de Deus a respeito de cada um de nós, nos caminhos por onde seguimos.

→ **Canto de Aclamação**

Proclamação da Palavra – Lc 24, 13-35

Leitor: Proclamação do Evangelho de Jesus Cristo segundo Lucas.

Leitor: Palavra da Salvação.

Todos: Glória a vós, Senhor!

Animador: Os discípulos voltam para casa, desanimados, sem esperança. Jesus vai até eles, na realidade que enfrentam, e os encontra no caminho. Olhemos para nós, pensemos em nossa caminhada de fé. Diante de nossas dúvidas, inquietações e acomodações, Jesus vem ao nosso encontro, faz-se companheiro. Ele quer nos ajudar a compreender o mistério do amor de Deus. Ele cumpre sua promessa de estar sempre conosco até o final dos tempos (cf. Mt 28,20).

Refrão cantado: Fica conosco, Senhor! É tarde e a noite já vem. Fica conosco, Senhor, somos teus seguidores também.

Oração: Senhor Jesus, dá-nos a graça de perseverar na busca do teu amor e da tua Palavra de vida. Por isso, nós te pedimos: fica conosco, Senhor.

Animador: Jesus, luz do mundo, caminha com os discípulos de Emaús e mostra, "começando por Moisés e seguindo por todos os

---

[16] SILVA, J.C., Pe. *Vim, para adorar.* CD Um presente para Jesus. Universal, 1999.

profetas", como as Escrituras conduzem ao mistério da sua pessoa (cf. Lc 24,27). Suas palavras fazem arder o coração dos discípulos, tiram-nos da escuridão da tristeza e do desânimo, despertam o desejo de permanecer com Ele.

Refrão cantado: Fica conosco, Senhor! É tarde e a noite já vem. Fica conosco, Senhor, somos teus seguidores também.[17]

Oração: Senhor Jesus, tu fazes arder o nosso coração com a tua Palavra e a tua presença entre nós. Ajuda-nos a compreender que participar da Eucaristia é sinal de compromisso contigo e com os irmãos.

Animador: Foi no gesto simples da fração do pão que os dois discípulos reconheceram o Senhor. Os sinais falam, ajudam a desvendar o mistério. Diante da Eucaristia devemos ter consciência de que estamos na presença do próprio Cristo. Pela Eucaristia, realiza-se a promessa que Jesus fez de ficar conosco até ao fim do mundo.

Refrão cantado: Fica conosco, Senhor! É tarde e a noite já vem. Fica conosco, Senhor, somos teus seguidores também.

Animador: Quando os discípulos pedem a Jesus que fique com eles, recebem como resposta um dom muito maior, a Eucaristia, porque receber a Eucaristia é entrar em comunhão profunda com Jesus. E Ele mesmo disse que se permanecermos nele, Ele permanecerá em nós (cf. Jo 15, 4).

Refrão cantado: Fica conosco, Senhor! É tarde e a noite já vem. Fica conosco, Senhor, somos teus seguidores também.

Oração: Nós te adoramos, Senhor Jesus, neste Santíssimo Sacramento, prova do teu amor por nós. Tu quiseste ficar conosco para que pudéssemos caminhar contigo. Sede, ó Jesus, nosso alimento, ajuda-nos a participar sempre da tua mesa.

Animador: Depois de reconhecer o Senhor, os discípulos partiram imediatamente (cf. Lc 24, 33) para comunicar o que tinham visto e ouvido.

---

[17] JOÃO CARLOS, Pe. Fica conosco, Senhor. CD: Verde Conquista. São Paulo: Paulinas, 1997.

É que quando se faz uma verdadeira experiência com o Cristo, não se consegue guardar a alegria sentida: é preciso anunciar. O encontro com Cristo, continuamente aprofundado na intimidade com a Eucaristia, desperta em cada discípulo a vontade de testemunhar e evangelizar.

Refrão cantado: Fica conosco, Senhor! É tarde e a noite já vem. Fica conosco, Senhor, somos teus seguidores também.

Animador: Cheios de alegria e de gratidão, vamos permanecer em silêncio, diante de Jesus presente e vivo no Santíssimo Sacramento. Vamos contar a Jesus nossos sonhos, nossas preocupações, nossas tristezas e alegrias. Ele recebe tudo, e tudo quer viver conosco.

(silêncio)

→ **Adoração (todos ajoelham-se)**

Ministro: Graças e louvores sejam dados a todo momento! (3 X)

Todos: Ao Santíssimo e Digníssimo Sacramento!

Animador: (após cada invocação, todos repetem)

- Jesus, eu acredito na Tua presença.
- Jesus, transforma a minha fé.
- Jesus, acompanha-me em todos os momentos da minha vida.

Canto: Tão sublime Sacramento[18]

Animador: Do céu lhe destes o Pão.

Todos: Que contém todo sabor.

Canto: Só por ti, Jesus[19] (durante o traslado do Santíssimo)

Todos: Jesus, foi bom estar contigo! Quero te amar sempre mais, quero amar também nossos irmãos. Que a tua Palavra e a Eucaristia sustentem minha caminhada cristã e nossa comunidade. Quero

---

[18] DIOCESE DE COLATINA. Louvai o Senhor: Hinário para diversas circunstâncias. Colatina: Gráfica Aymorés, 2000. n. 499.

[19] DIOCESE DE COLATINA. Louvai o Senhor: Hinário para diversas circunstâncias. Colatina: Gráfica Aymorés, 2000. n. 499.

proclamar, com alegria, que sou teu, Senhor Jesus! Agora vamos alegres, e tu vais conosco.

→ Bênção final

Animador: O Senhor nos abençoe e nos guarde.

Todos: Amém!

Animador: O Senhor faça brilhar sobre nós a sua face e nos seja favorável.

Todos: Amém!

Animador: O Senhor dirija para nós o seu rosto e nos dê a paz.

Todos: Amém!

Animador: Em nome do Pai e do Filho e do Espírito Santo.

Todos: Amém!

Animador: Louvado seja Nosso Senhor Jesus Cristo.

Todos: Para sempre seja louvado!

SUGESTÕES E SINOPSES DE FILMES

SUGESTÕES DE FILMES

São apresentadas as sinopses de diversos filmes que abordam temas relacionados a aqueles propostos nesse volume. A diversidade de sugestões é para permitir que o catequista-animador possa escolher aquele que mais seja adequado ao seu grupo, considerando faixa de idade e maturidade e, também, para favorecer a possibilidade de escolha.

Alguns filmes abordam, ainda que de maneira transversal, diversos temas. Ao utilizá-los nos encontros, é importante aproveitar a oportunidade para trazê-los à discussão, enriquecendo o tema central.

Na sequência estão apontados alguns temas e os filmes nos quais são abordados.

Relações familiares
Como treinar seu dragão/Gigantes de aço/Valente/Indomável sonhadora/Billy Elliot/As aventuras de Huck Finn/A menina que roubava livros

Escolhas, responsabilidades, consequências
Amistad/A lista de Schindler/Bee/Billy Elliot/Corra, Lola, corra/Efeito Borboleta/Feitiço do tempo/Medidas extremas/O labirinto de Fauno/Quanto vale ou é por quilo?/Valente

Aceitação, respeito, companheirismo, identidade
Happy Feet/O estranho mundo de Jack/A educação de Pequena Árvore/Ninguém é perfeito/Noiva cadáver/Um sonho possível/Shrek/Toy Story

Dificuldades, enfrentamento, superação, confiança
Doze anos de escravidão/Escritores da liberdade/Indomável sonhadora/A lenda dos guardiões/Quem quer ser milionário?/Um sonho possível/O sorriso de Monalisa/A teoria de tudo

Transformação do mundo
Amistad/Como treinar seu dragão/A corrente do bem/A educação de Pequena Árvore/Escritores da liberdade/A fuga das galinhas/Histórias

cruzadas/A lista de Schindler/ Persépolis/O poder de um jovem/O sorriso de Monalisa/Quanto vale ou é por quilo?/Um sonho possível

Preconceito, discriminação, exclusão

Adivinhe quem vem para jantar/Amistad/As aventuras de Huck Finn/A menina que roubava livros/Como treinar seu dragão/Conduzindo Miss Daisy/Doze anos de escravidão/Faça a coisa certa/Histórias cruzadas/ Luzes da cidade/Ninguém é perfeito/Um grito de liberdade

Defesa da vida

Medidas extremas/A menina que roubava livros/Quanto vale ou é por quilo?

SINOPSES DOS FILMES

ADIVINHE QUEM VEM PARA JANTAR (1967): Em São Francisco, Matt e Christina, um conceituado casal, fica chocado ao saber que a filha Joey está noiva de um negro. A partir de então dão início a uma tentativa de encontrar algo desabonador no pretendente, mas só descobrem grandes qualidades morais e profissionais. (108min)

AMISTAD (1997): A história é baseada em fatos verídicos do início do século XIX. Dezenas de escravos negros assumem o comando do navio negreiro La Amistad, mas são capturados por um navio americano. A tentativa de condenar os escravos pelo assassinato da tripulação não tem sucesso e o governo recorre à Corte Suprema. Isso faz com que o ex-presidente, abolicionista não assumido, saia de sua aposentadoria voluntária para defender o grupo de africanos. (155min)

AVENTURAS DE HUCK FINN, AS (1993): Huckleberry Finn, um jovem garoto que vive nos anos 1840, foge de casa e desce o Rio Mississippi. Ele encontra Jim, um escravo em fuga, e os dois passam por uma série de aventuras juntos. A criança foge do comportamento abusivo do pai, as relações familiares e seus problemas estão presentes na narrativa. Mas a palavra-chave é o preconceito. (107min)

BEE (2007): Barry formou-se recentemente e sonha com um emprego na Honex, onde poderá produzir mel. Desta forma ele se aventura fora da colmeia, e descobre um mundo até então inteiramente desconhecido. E conhece Vanessa, uma alegre florista de Manhattan com quem quebra as regras das abelhas e passa a conversar regularmente. Logo eles se tornam amigos, o que faz com que Barry conheça melhor os humanos. Ao descobrir que qualquer pessoa pode comprar mel nos mercados, Barry considera que é um roubo e decide processar os humanos, na intenção de corrigir esta injustiça. O filme permite abordar diversos temas como a escolha precoce das profissões, pais que não escutam seus filhos, a descoberta do mundo e o rompimento do cordão umbilical familiar, o despertar da verdadeira vocação, a escolha das namoradas. (95min)

BILLY ELLIOT (1999): Billy Elliot um garoto de 11 anos que vive em uma pequena cidade da Inglaterra, onde o principal meio de sustento são as minas de carvão. Obrigado pelo pai a treinar boxe, Billy fica fascinado com a magia do balé, que descobre ao observar as aulas de dança clássica realizadas na academia onde pratica boxe. Incentivado pela professora de balé, que vê em Billy um talento nato para a dança, ele resolve dedicar-se de corpo e alma à dança, mesmo enfrentando a contrariedade de seu irmão e de seu pai. (111min)

COMO TREINAR O SEU DRAGÃO (2010): Na ilha de Berk, os vikings dedicam a vida a combater e matar dragões. Soluço, filho do chefe Stoico, sonha matar um dragão e provar seu valor ao pai, apesar da descrença geral. Um dia, por acaso, ele acerta um dragão que jamais foi visto, chamado Fúria da Noite, mas não consegue matá-lo e o liberta. Mas Fúria da Noite perdeu parte da cauda e não consegue mais voar. Soluço passa a trabalhar em um artefato que possa substituir a parte perdida e, aos poucos, se aproxima do dragão. Enquanto isso, Stoico autoriza que o filho participe de um treino cuja prova final é justamente matar um dos dragões. O filme permite abordar o tema da guerra e da violência em geral, muitas vezes sem causa real, e a descoberta do outro. A relação pai e filho é um aspecto abordado no filme: a entrada na adolescência de Soluço, a expectativa do pai e a frustração de ambos, a descoberta de Soluço como alguém com habilidades especiais, distintas daquelas de seu pai e de seu clã, o surgimento do homem Soluço que, ao enfrentar o pai, revela seu eu interior. O filme traz uma mensagem de tolerância, ao mostrar a convivência pacífica entre homens e dragões, de como vencer preconceitos e enxergar além do senso comum e uma abordagem sobre necessidades especiais. (93min)

CONDUZINDO MISS DAISY (1989): Miss Daisy, uma idosa e excêntrica judia, é obrigada pelo filho a conviver com um motorista negro, contratado para servi-la. De início ela recusa o novo empregado e mantém com ele uma relação bem conturbada. Aos poucos, nasce uma amizade verdadeira que rompe barreiras sociais, culturais e raciais da época. O filme aborda, também, além do preconceito racial, a nova realidade da personagem, agora idosa: Miss Daisy não aceita ter que depender de alguém para ajudá-la em tarefas que antes conseguia realizar sozinha. (100min)

CORRA, LOLA, CORRA (1998): Manni, coletor de uma quadrilha de contrabandistas, esquece no metrô uma sacola com 100.000 marcos. Ele só tem 20 minutos para recuperar o dinheiro ou irá confrontar a ira do seu chefe, Ronnie, um perigoso criminoso. Desesperado, Manni telefona para Lola, sua namorada, que vê como única solução pedir ajuda para seu pai, que é presidente de um banco. Assim, Lola corre através das ruas de Berlim, sendo apresentados três possíveis finais da louca corrida de Lola para salvar o namorado. Trata-se de uma narrativa composta por três narrativas, cada uma com começo, meio e fim, onde personagens e objetivos permanecem os mesmos, mas mudam as interações. (81min)

CORRENTE DO BEM, A (2000): Eugene, professor de Estudos Sociais, faz um desafio aos seus alunos: criar algo que possa mudar o mundo. Trevor, um de seus alunos, incentivado pelo desafio do professor, cria um jogo no qual a cada favor recebido devem ser feitos três favores a três outras pessoas. Para sua surpresa, a ideia funciona, ajudando o próprio Eugene a se desvencilhar de segredos do passado e, também, Arlene, mãe de Trevor, a encontrar um novo sentido em sua vida. (123min)

DOZE ANOS DE ESCRAVIDÃO (2013): 1841. Solomon é um escravo liberto, que vive em paz ao lado da esposa e filhos. Um dia, após aceitar um trabalho que o leva a outra cidade, é sequestrado e acorrentado. Vendido como escravo, Solomon precisa superar humilhações físicas e emocionais para sobreviver. Ao longo de doze anos ele passa por dois senhores que, cada um à sua maneira, exploram seus serviços. (133min)

EDUCAÇÃO DA PEQUENA ÁRVORE, A (1997): Pequena Árvore é um indiozinho Cherokee de oito anos que, depois de perder os pais, vai viver com seus avós. É o começo de uma nova vida, cheia de alegrias, descobertas, retrocessos, triunfos e bons amigos. Com as dores, as perdas e as alegrias, Pequena Árvore descobre o valor da amizade, aprende a amar sua cultura, a não abrir mão de suas convicções e a enxergar a vida com simplicidade. Pequena Árvore conta o sentido da união, o que é a verdadeira liberdade, o que significa nos reconhecermos, a importância de sermos o que somos, sem desistir dos sonhos e de nós mesmos. O filme aborda questões como identidade, relação e respeito entre culturas distintas, respeito ao outro, preconceito. A palavra-chave da narrativa é aceitação – aceitar-se como é, aceitar a família a qual pertence, aceitar o outro com suas diferenças e limitações. (110min)

EFEITO BORBOLETA (2004): o filme mostra a luta de um jovem para esquecer fatos da sua infância, recorrendo à regressão, tendo condição de alterar seu próprio passado. Entretanto, ao tentar solucionar antigos problemas, novos são criados, já que toda mudança que realiza gera consequências para seu futuro. (113min)

ESCRITORES DA LIBERDADE (2006): Uma jovem e idealista professora chega a escola de um bairro pobre, que está tomada pela violência. Os alunos mostram-se rebeldes e sem vontade de aprender, e há uma constante tensão racial entre todos. Para fazer com que os alunos aprendam e também falem sobre suas complicadas vidas, a professora Gruwell lança mão de métodos diferentes de ensino. Aos poucos, os alunos retomam a confiança em si mesmos, começam a aceitar o conhecimento e a reconhecer valores como tolerância e respeito ao próximo. O filme leva a uma reflexão sobre desigualdades nas classes sociais, racismo, desestrutura familiar, intolerância ao que é diferente, funcionalidade de políticas públicas, exclusão social. (123min)

ESTRANHO MUNDO DE JACK, O (1993): Jack é um ser fantástico que vive na Cidade do Halloween, onde todos passam o ano organizando o Halloween do ano seguinte. Cansado de fazer isso todos os anos, ele deixa a cidade e vagueia pela floresta. Encontra, por acaso, portais que levam a algum tipo de festividade e atravessa o portal do Natal, onde vê demonstrações do espírito natalino. Ao retornar para a Cidade do Halloween, sem compreender o que viu, ele começa a convencer os cidadãos a sequestrar o Papai Noel e fazer o próprio Natal. Apesar de argumentos de sua namorada Sally contra o projeto, o Papai Noel é capturado. Mas os fatos mostrarão que Sally estava totalmente certa. A palavra chave deste filme é a diferença cultural, tema importante em tempos de globalização e internet. O Estranho Mundo de Jack trabalha com um personagem que não é feliz em sua condição de vida, e permite refletir sobre o positivo que há em toda cultura, em toda aparência física, em toda etnia ou religião. (75min)

FAÇA A COISA CERTA (1989): Sal, um ítalo-americano, é dono de uma pizzaria no Brooklyn, uma das áreas mais pobres de Nova York, onde há predominância de negros e latinos. Sal comanda a pizzaria com Vito e Pino, seus filhos, além de ser ajudado por Mookie. No local há fotografias de ídolos ítalo-americanos dos esportes e do cinema, o que desagrada a freguesia. No dia mais quente do ano, Buggin' Out, o ativista local, vai até a pizzaria e reclama por não existirem fotografias de negros. Este incidente é o ponto de partida para um efeito dominó, que não terminará bem. Preconceito, respeito ao outro, identidade são temas desse filme. (120min)

FEITIÇO DO TEMPO (1993): Um repórter de televisão que faz previsões de meteorologia vai a uma pequena cidade fazer uma matéria especial sobre o celebrado "Dia da marmota". Inexplicavelmente, ele fica preso no tempo, condenado a vivenciar para sempre os eventos daquele dia. (103min)

FUGA DAS GALINHAS, A (2000): A Sra. Tweedy é a dona de um galinheiro no interior da Inglaterra, onde a maior parte das aves vive uma vida curta e monótona, limitada a produzir ovos e terminar na panela. Quando Rocky, um galo vindo dos Estados Unidos, surge voando por cima da cerca da granja, as coisas começam a mudar. Rocky se apaixona por Ginger, que sonha com uma vida melhor e há algum tempo deseja fugir da granja. Juntos os dois arquitetam um plano para conseguir liberdade. No entanto, Rocky e Ginger logo têm que correr contra o tempo quando a Sra. Tweedy decide que é hora de mandar a granja inteira para a o forno. A busca por uma sociedade melhor para todos, a coletividade, combater e vencer qualquer forma de opressão, o ideal de liberdade são ideias para reflexão a partir do filme. (84min)

GIGANTES DE AÇO (2011): a trama se passa na década de 2020, quando os esportes violentos foram banidos, deixando o ex-boxeador Charlie desempregado. Para sobreviver, ele se adaptou à nova situação, na qual robôs controlados à distância entram no ringue para lutar, e peregrina de cidade em cidade com seu robô velho para tentar ganhar alguns trocados Morando de favor com Bailey, filha de seu falecido treinador, ele acaba sendo chamado pela Justiça por causa da morte da ex-mulher e a futura guarda do filho deles, Max, de onze anos, e com quem Charlie nunca teve contato. Mas o garoto aos poucos conquista o coração do lutador e, por ser muito bom nos videogames, tem chance de ajudar Charlie a treinar uma nova máquina de combate e mudar para sempre o destino deles. A relação entre pai e filho é o tema central da narrativa. Outra questão importante é vivermos em uma sociedade na qual vencer é o que importa sempre. (127min)

GRITO DE LIBERDADE, UM (1987): Woods é editor chefe no jornal liberal Daily Dispatch na África do Sul. Ele tem escrito diversas críticas sobre a visão de Steve Biko, militante negro que lutou contra o apartheid. Mas depois de conhecer Biko pessoalmente, ele muda de opinião. Eles se encontram diversas vezes, o que faz com que Woods e sua família sejam observados pela polícia. Quando Biko morre na prisão, Woods escreve uma biografia do militante. Porém, para publicar seu livro é preciso sair do país. O filme aborda os pensamentos de discriminação e de corrupção política e as repercussões da violência. (157min)

HAPPY FEET (2005): Entre os pinguins imperador você apenas é alguém se souber cantar. Isto causa grande preocupação a Mano, considerado o pior cantor do mundo e também um grande sapateador. Norma, sua mãe, gosta do sapateado de Mano; Memphis, seu pai, acha que "isto não é coisa de pinguim". Além disso, seus pais sabem que caso Mano não encontre sua "canção do coração" ele talvez nunca encontre o verdadeiro amor. Aspectos importantes para reflexão são a relação familiar, o respeito ao próximo e o direito de cada um seguir seus sonhos, mesmo diante das críticas. Uma questão central é a aceitação da pessoa em relação ao seu físico e ao seu comportamento. (108min)

HISTÓRIAS CRUZADAS (2011): Nos anos 60, era americana dos direitos civis nos Estados Unidos, Skeeter é uma garota da sociedade que retorna determinada a escrever um livro na perspectiva das empregadas, mostrando as situações de racismo que elas enfrentam. Ela começa a entrevistar as mulheres negras da cidade, que deixaram suas vidas para trabalhar na criação dos filhos da mulheres brancas. Aibileen, que trabalha para a melhor amiga de Skeeter, é a primeira a conceder uma entrevista, o que desagrada a toda a sociedade local. Apesar das críticas, Skeeter e Aibileen continuam trabalhando juntas e, aos poucos, conseguem novas adesões. (146min)

INDOMÁVEL SONHADORA (2012): Hushpuppy é uma menina de apenas 6 anos de idade que vive em uma comunidade miserável isolada às margens de um rio. Ela corre o risco de ficar órfã, pois seu pai está muito doente e se recusa a procurar ajuda médica. Um dia, pai e filha precisam lidar com as consequências trazidas por uma forte tempestade, que inunda toda a comunidade. Vivendo em um barco, eles encontram alguns amigos que os ajudam. O filme traz uma forte história de amor e devoção entre pai e filha, influenciada pelas dificuldades trazidas pela vida que levam. (92min)

LABIRINTO DE FAUNO, O (2006): não há delimitação sobre o que é fantasia e o que é realidade, o filme apenas aponta caminhos e deixa que quem assiste escolha qual mundo prefere. Até mesmo no fim do filme há a possibilidade de escolher: quem não acredita em fadas, lendas e mitologia não se sentirá enganado, e também quem ainda procura sinais de esperança no mundo em que vivemos. É um filme cheio de esperança. A imaginação e inocência de Ofélia nos mostram a necessidade de imaginar um mundo melhor e lutar por ele, mesmo quando a realidade insiste em ser cruel e ameaçadora. (112min)

LENDA DOS GUARDIÕES, A (2010): Soren é uma coruja fascinada pelas histórias épicas contadas pelo pai sobre os Guardiões de Ga'Hoole, míticos guerreiros alados que lutaram em uma grande batalha para salvar a espécie de uma grande ameaça. Por outro lado, seu irmão Kludd zomba dele e tem ciúmes, procurando sempre atrair a atenção do pai. Um dia os dois são capturados e caem nas mãos dos Puros, corujas que querem dominar o Reino do Oeste e a Grande Árvore. O filme incentiva a buscar superar os obstáculos que surgem na vida, e destaca a importância da convivência em família, da vida em comunidade e o respeito ao outro. (99min)

LISTA DE SCHINDLER, A (1993): O filme traz a história de Oskar Schindler, um sujeito oportunista, ganancioso, sem escrúpulos, mas também simpático, um comerciante que enriqueceu aproveitando a guerra e o trabalho escravo dos judeus que recrutava para a sua fábrica. Schindler relacionava-se bem com o regime nazista e, a princípio, parece ignorar o que ocorre à sua volta; aos poucos, porém, toma consciência da situação em que também está envolvido. Sensibilizado, sente-se obrigado a agir em favor daqueles a quem tinha explorado. O filme transforma-se, então, no relato de uma corrida contra o tempo, na qual Schindler tenta salvar o maior número de judeus possível dos campos de concentração, até mesmo perdendo sua fortuna pessoal. (195min)

LUZES DA CIDADE (1931): Um morador de rua impede um homem rico, que está bêbado, de se matar. Grato, ele o convida até sua casa e se torna seu amigo. Só que, quando está sóbrio, ele esquece completamente o que aconteceu, e trata quem o salvou de forma bem diferente. O morador de rua sente interesse por uma florista cega, a quem tenta ajudar a pagar o aluguel atrasado e a restaurar a visão. Só que ela pensa que seu benfeitor é, na verdade, um milionário. (87min)

MEDIDAS EXTREMAS (1996): Guy é médico em um hospital de Nova York, e começa a fazer perguntas quando repara que o corpo de um homem que morreu na emergência desapareceu e não há nem registros de sua entrada. Ao tentar descobrir a verdade, o médico encontra pistas que têm relação com um eminente cirurgião, mas logo se vê em perigo, pois algumas pessoas não querem que os segredos do hospital venham à tona. O filme traz à discussão aspectos éticos sobre a experimentação humana. (118min)

MENINA QUE ROUBAVA LIVROS, A (2013): Durante a Segunda Guerra Mundial, uma garota chamada Liesel sobrevive fora de Munique por meio dos livros que ela rouba. Ajudada por seu pai adotivo, Liesel aprende a ler e partilhar livros com seus amigos, incluindo um homem judeu que vive clandestinamente em sua casa. Os atos de rebeldia da menina e de sua família contrastam com a histeria e o ódio que tomam conta do povo alemão. A pequena Liesel, crescendo na Alemanha nazista, aprende a pensar por si mesma e a preservar sua humanidade graças ao hábito de roubar e ler os mais diversos livros. Liesel é uma sobrevivente (escapou da morte três vezes) e está em busca do sentido de tudo o que vive, em meio à miséria, à morte e à destruição. Nessa busca pela compreensão da essência da vida, ela é guiada pelas palavras. (131min)

NINGUÉM É PERFEITO (1999): Walter é um guarda de segurança aposentado, ultraconservador, que vive em Nova York. Certo dia, ao tentar ajudar um vizinho em dificuldades, Walter recebe um golpe que o deixa com paralisia parcial do corpo. Recusando-se a deixar o apartamento em que vive, Walter concorda com um programa de reabilitação que inclui aulas de canto com um artista que é seu vizinho: uma drag queen chamada Rusty. (112min)

NOIVA CADÁVER, A (2004): Em um vilarejo europeu do século XIX vive Vitor, um jovem que está prestes a se casar com Vitoria. Acidentalmente, ele se casa com a Noiva-Cadáver, que o leva a conhecer a Terra dos Mortos. Desejando desfazer o ocorrido para poder se casar com Vitoria, aos poucos Vitor percebe que a Terra dos Mortos é bem mais animada do que o meio vitoriano em que nasceu e cresceu. Nesse filme, questões como identidade, aceitação e respeito ao próximo estão bem desenvolvidas. (77min)

PERSÉPOLIS (2007): Marjane Satrapi é uma garota iraniana de 8 anos, que sonha em se tornar uma profetisa para poder salvar o mundo. Querida pelos pais e adorada pela avó, Marjane acompanha os acontecimentos que levam à queda do xá em seu país, juntamente com seu regime brutal. Tem início a nova República Islâmica, que controla como as pessoas devem se vestir e agir. Isto faz com que Marjane seja obrigada a usar véu, o que a incentiva a se tornar uma revolucionária. (95min)

PODER DE UM JOVEM, O (1992): África do Sul, primeira metade do século 20. PK é um menino inglês que cresceu em uma fazenda do interior, com sua mãe viúva e uma babá zulu. Quando sua mãe fica doente, o garoto é enviado para um colégio interno, onde é perseguido pelos colegas. PK sobrevive a esses anos de bullying e vai viver com o avô. O filme mostra a história de PK, aterrorizado pela crença política de sua família, e que encontra ajuda em um experiente prisioneiro que o ensina a lutar boxe. PK amadurece lutando com os seus punhos e com o coração; ele abala o sistema e as injustiças a sua volta e descobre que uma pessoa realmente pode fazer diferença. (126min)

QUANTO VALE OU É POR QUILO? (2005): No século XVII um capitão-do-mato captura e entrega ao seu dono uma escrava fugitiva; ele recebe a recompensa, ela perde o filho que esperava. Nos dias atuais uma ONG implanta o projeto Informática na periferia em uma comunidade carente. Arminda descobre que os computadores comprados foram superfaturados e, por causa disto, precisa agora ser eliminada. Candinho, um jovem desempregado, cuja esposa está grávida, torna-se matador de aluguel para conseguir dinheiro para sobreviver. Baseado em um conto de Machado de Assis, o filme apresenta uma analogia entre o antigo comércio de escravos e a atual exploração da miséria pelo marketing social, que forma uma solidariedade de fachada e desperta para questões relacionadas às nossas ações sociais: até que ponto contribuímos para melhorar a sociedade? Pontos que podem ser trazidos à discussão: (a) o que é justiça? (b) quais as formas novas de escravidão? (c) o que é caridade, o que é doação, o que é favor, o que é assistencialismo? (104min)

QUEM QUER SER UM MILIONÁRIO? (2008): Jamal é um jovem que trabalha servindo chá em uma empresa de telemarketing. Sua infância foi difícil, fugindo da miséria e da violência para conseguir chegar ao emprego atual. Um dia ele se inscreve no popular programa de TV "Quem Quer Ser um Milionário?". Desacreditado, e para provar sua inocência, Jamal conta a sua história e de onde ele tirou a resposta para cada uma das perguntas, relembrando sua infância com seu irmão na favela e falando da sua paixão pela jovem Latika. As perguntas do programa possuíam, na verdade, alguma ligação com os principais acontecimentos de sua história de vida, passando por sua infância, adolescência e fase atual, à medida que o verdadeiro motivo de ele participar do programa é revelado. O filme não se apoia no dinheiro, mas na esperança de viver feliz. Jamal busca o amor de Latika, enquanto Salim busca o dinheiro e o poder no mundo do crime. Como dois irmãos, nascidos e criados nas mesmas condições precárias, podem tomar rumos tão diferentes em suas vidas? O filme faz, também, uma crítica ao consumismo e à sociedade, cega às questões humanas e afetivas. (120min)

SHREK (2001): A palavra chave do filme é diferença, o respeito ao diferente. Em um pântano distante vive Shrek, um ogro solitário que vê, sem mais nem menos, sua vida ser invadida por uma série de personagens de contos de fada, como três ratos cegos, um grande e malvado lobo e ainda três porcos que não têm um lugar onde morar. Todos eles foram expulsos de seus lares pelo maligno Lord Farquaad. Determinado a recuperar a tranquilidade de antes, Shrek resolve encontrar Farquaad e faz um acordo: todos os personagens poderão retornar aos seus lares se ele e seu amigo Burro resgatarem uma bela princesa, prisioneira de um dragão. (89min)

SONHO POSSÍVEL, UM (2009): o filme traz a história de Michael, um jovem negro morador de rua, vindo de um lar destruído, que é ajudado por uma família branca que acredita em seu potencial. Com a ajuda do treinador de futebol da escola e da nova família, Michael irá superar diversos desafios a sua frente, o que também mudará a vida de todos a sua volta. (128min)

SORRISO DE MONALISA, O (2002): Katharine é uma professora recém-formada que consegue emprego no conceituado colégio Wellesley, para lecionar aulas de História da Arte. Incomodada com o conservadorismo da sociedade e do próprio colégio, ela decide lutar contra estas normas e acaba inspirando suas alunas a enfrentar os desafios da vida. (125min)

TEORIA DE TUDO, A (2014): o filme mostra a história de superação pessoal de Stephen Hawking na luta contra uma doença degenerativa e como o jovem astrofísico fez descobertas importantes sobre o tempo. (123min)

TOY STORY (1995): Aproximando-se o dia do aniversário de Andy, os brinquedos estão nervosos porque receiam que sejam substituídos por um novo brinquedo. Woody, um caubói que é o brinquedo predileto de Andy, lidera o grupo, e descobrem os presentes ganhos. Entre esses está Buzz, o boneco de um patrulheiro espacial, que passa a receber mais atenção do garoto, e gera ciúmes em Woody. O filme permite trabalhar a heterogeneidade, que faz um grupo forte, e não a homogeneidade, a partir dos diferentes formatos, cores e funções dos brinquedos que têm todos uma participação especial para o sucesso da equipe. (77min)

VALENTE (2012): Merida é uma princesa com espírito de liberdade e atitude rebelde, buscando livrar-se dos valores e comportamentos esperados de alguém na sua posição, e que foram sendo passados por sua mãe ao longo de toda sua vida. Para escapar de um casamento arranjado, Merida quebra uma tradição, pondo em risco a paz entre os reinos vizinhos, e acaba vendo em sua mãe a única forma de influenciar mudanças em tal tradicionalismo. Porém, a princesa recorre aos métodos errados, fazendo com que uma maldição caia sobre sua mãe. Ao mostrar a princesa buscando uma solução e amadurecendo no processo, o filme deixa a ideia de que, por mais difícil que pareça, as situações podem ser resolvidas com conversas e sem exigir coisas extraordinárias. (95min)

SUGESTÕES E COMENTÁRIOS DE VÍDEOS

O xadrez das cores (2004) (21min)

https://www.youtube.com/watch?v=CGIBoGzNMR0

O vídeo tem como foco o preconceito racial que contamina as relações humanas. Mas, também abre espaço para uma reflexão sobre solidão, superação, necessidade de cuidados.

Preconceito e estereótipos (2014) (4min14s)

https://www.youtube.com/watch?v=7m-yuzFljpc

O filme esclarece, de forma simples e objetiva, a diferença entre preconceito, estereótipo e discriminação, e mostra que é possível ter preconceito contra um grupo sem ter consciência disso.

Vista a minha pele (2011) (26min45)

https://www.youtube.com/watch?v=LWBodKwuHCM

O vídeo é uma paródia da realidade brasileira, abordando racismo e preconceito.

Estereótipos, preconceito e discriminação Parte 1 (2009) (5min53s)

https://www.youtube.com/watch?v=FMQVKpkefLc

Estereótipos, preconceito e discriminação Parte 2 (2009) (7min25s)

https://www.youtube.com/watch?v=j8A3OB-2v2Q

Os vídeos abordam os conceitos de preconceito, discriminação e estereótipos, com textos e imagens, e apresentam exemplos comuns.

Uma aula prática de discriminação (34min25s)

https://www.youtube.com/watch?v=bpXMz_hSEUI

O documentário acompanha uma experiência em uma escola primária que mostra o quão rapidamente as crianças podem assimilar a discriminação e todas as suas repercussões.

SITES CONSULTADOS

- http://www.catequesehoje.org.br/
- http://www.catequista.com.br/
- http://www.vozdeleigo.jex.com.br/leitura+virtual/um+bom+animador+de+grupos+de+jovens
- http://www.fundacao-betania.org/betania/
- http://leituraorantedapalavra.blogspot.com.br/
- http://www.catequesehoje.org.br/index.php/outro-olhar/catequese-e-modernidade/500-o-engajamento-dos-jovens-no-pos-crisma
- http://crismasantoagostinho.wordpress.com/2012/06/26/pos-crisma/
- www.cnlb.org.br/documentos/Cartilha_fe_crista.pdf
- http://coroinhasdebarauna.blogspot.com.br/2012/11/adoremos-jesus-sacramentado.html
- http://www.abcdacatequese.com/index.php/partilha/recursos/cat_view/36-catequese/304-preparacao-para-o-crisma
- http://paroquiansfatima-vilaluizao.webnode.com.br/news/%C3%A0%20medida%20que%20servimos%20a%20deus%20somos%20livres%20-%20jo%208%2c31-42-/——
- http://www.catequistabruno.com/crisma_1.html]
- http://liturgiadiaria.cnbb.org.br/
- http://liturgia.cancaonova.com/
- http://www.catequisar.com.br/
- http: //www.dehonianos.org/
- http://www.jovensredentoristas.com/
- http://www.vidacrista.org.br/
- http://www.educardpaschoal.org.br/web/upload/NossosLivros/8_Jeitos_Empresa.pdf

CULTURAL
Administração
Antropologia
Biografias
Comunicação
Dinâmicas e Jogos
Ecologia e Meio Ambiente
Educação e Pedagogia
Filosofia
História
Letras e Literatura
Obras de referência
Política
Psicologia
Saúde e Nutrição
Serviço Social e Trabalho
Sociologia

CATEQUÉTICO PASTORAL
Catequese
  Geral
  Crisma
  Primeira Eucaristia

Pastoral
  Geral
  Sacramental
  Familiar
  Social
  Ensino Religioso Escolar

TEOLÓGICO ESPIRITUAL
Biografias
Devocionários
Espiritualidade e Mística
Espiritualidade Mariana
Franciscanismo
Autoconhecimento
Liturgia
Obras de referência
Sagrada Escritura e Livros Apócrifos

Teologia
  Bíblica
  Histórica
  Prática
  Sistemática

VOZES NOBILIS
Uma linha editorial especial, com importantes autores, alto valor agregado e qualidade superior.

REVISTAS
Concilium
Estudos Bíblicos
Grande Sinal
REB (Revista Eclesiástica Brasileira)
SEDOC (Serviço de Documentação)

VOZES DE BOLSO
Obras clássicas de Ciências Humanas em formato de bolso.

PRODUTOS SAZONAIS
Folhinha do Sagrado Coração de Jesus
Calendário de mesa do Sagrado Coração de Jesus
Agenda do Sagrado Coração de Jesus
Almanaque Santo Antônio
Agendinha
Diário Vozes
Meditações para o dia a dia
Encontro diário com Deus
Guia Litúrgico

CADASTRE-SE
www.vozes.com.br

EDITORA VOZES LTDA.
Rua Frei Luís, 100 – Centro – Cep 25689-900 – Petrópolis, RJ
Tel.: (24) 2233-9000 – Fax: (24) 2231-4676 – E-mail: vendas@vozes.com.br

UNIDADES NO BRASIL: Belo Horizonte, MG – Brasília, DF – Campinas, SP – Cuiabá, MT
Curitiba, PR – Florianópolis, SC – Fortaleza, CE – Goiânia, GO – Juiz de Fora, MG
Manaus, AM – Petrópolis, RJ – Porto Alegre, RS – Recife, PE – Rio de Janeiro, RJ
Salvador, BA – São Paulo, SP